Proyecto de la OCDE y del G-20 sobre la Erosión de la Base Imponible y el Traslado de Beneficios

Pilar Uno - Importe B

MARCO INCLUSIVO DE LA OCDE Y EL G-20 SOBRE BEPS

OCDE
MEJORES POLÍTICAS PARA UNA VIDA MEJOR

Tanto este documento, así como cualquier dato y cualquier mapa que se incluya en él, se entenderán sin perjuicio respecto al estatus o la soberanía de cualquier territorio, a la delimitación de fronteras y límites internacionales, ni al nombre de cualquier territorio, ciudad o área.

Los datos estadísticos para Israel son suministrados por y bajo la responsabilidad de las autoridades israelíes competentes. El uso de estos datos por la OCDE es sin perjuicio del estatuto de los Altos del Golán, Jerusalén Este y los asentamientos israelíes en Cisjordania bajo los términos del derecho internacional.

Nota de Turquía
La información del presente documento en relación con "Chipre" se refiere a la parte sur de la Isla. No existe una sola autoridad que represente en conjunto a las comunidades turcochipriota y grecochipriota de la Isla. Turquía reconoce a la República Turca del Norte de Chipre (RTNC). Mientras no haya una solución duradera y equitativa en el marco de las Naciones Unidas, Turquía mantendrá su postura frente al "tema de Chipre".

Nota de todos los Estados Miembros de la Unión Europea que pertenecen a la OCDE y de la Unión Europea
Todos los miembros de las Naciones Unidas, con excepción de Turquía, reconocen a la República de Chipre. La información contenida en el presente documento se refiere a la zona sobre la cual el Gobierno de la República de Chipre tiene control efectivo.

Por favor, cite esta publicación de la siguiente manera:
OECD (2025), *Pilar Uno - Importe B: Marco Inclusivo de la OCDE y el G-20 sobre BEPS*, Proyecto de la OCDE y del G-20 sobre la Erosión de la Base Imponible y el Traslado de Beneficios, OECD Publishing, Paris, https://doi.org/10.1787/98253daa-es.

ISBN 978-92-64-49973-7 (impresa)
ISBN 978-92-64-32668-2 (PDF)
ISBN 978-92-64-98350-2 (HTML)

Proyecto de la OCDE y del G-20 sobre la Erosión de la Base Imponible y el Traslado de Beneficios
ISSN 2415-6094 (impresa)
ISSN 2415-6108 (en línea)

Publicado originalmente por la OCDE con el título: OECD (2024), *Pillar One - Amount B: Inclusive Framework on BEPS*, OECD/G20 Base Erosion and Profit Shifting Project, OECD Publishing, Paris, https://doi.org/10.1787/21ea168b-en.

Imágenes: Portada © ninog – Fotolia.com.

Las erratas de las publicaciones se encuentran en línea en: https://www.oecd.org/en/publications/support/corrigenda.html.

Prefacio

En una economía cada vez más globalizada, las empresas multinacionales operan utilizando inmensas cadenas de valor que se extienden por varios países. Por consiguiente, pueden surgir controversias fiscales transfronterizas prolongadas, sobre todo, en relación con actividades básicas de comercialización y distribución. Controversias que, con frecuencia, consumen los recursos económicos y administrativos de todas las partes implicadas. Este problema se intensifica en aquellas jurisdicciones con menor capacidad, cuyas administraciones tributarias suelen tener que hacer frente a unos recursos limitados y una falta de datos disponibles. El presente informe ofrece unas directrices diseñadas a fin de simplificar la aplicación de las normas en materia de precios de transferencia a las actividades básicas de comercialización y distribución, aliviar las cargas administrativas, eliminar los costes de cumplimiento y reforzar la seguridad jurídica tributaria para las administraciones tributarias, así como para los contribuyentes.

Publicado en octubre de 2020, el informe del Marco Inclusivo de la OCDE y el G-20 sobre la erosión de las bases imponibles y el traslado de beneficios titulado "*Tax Challenges Arising from Digitalisation - Report on Pillar One Blueprint*", afirmó que, con el Importe B, se pretendía simplificar y racionalizar la aplicación del principio de plena competencia a las actividades básicas de comercialización y distribución, prestando especial atención a las necesidades concretas de las jurisdicciones con menor capacidad. En octubre de 2021, el Marco Inclusivo aprobó un enfoque basado en dos pilares para abordar los desafíos que plantea la digitalización de la economía.

Durante los dos últimos años, los miembros del Marco Inclusivo han trabajado en pie de igualdad para garantizar que el Importe B cumple con el objetivo de simplificar la fijación del precio en el caso de actividades básicas de comercialización y distribución, prestando especial atención a las dificultades que las jurisdicciones con menor capacidad enfrentan en la aplicación de los precios de transferencia. Para la formulación del Importe B, el Marco Inclusivo contó con las aportaciones de empresas, especialistas tributarios, académicos y de otras partes interesadas en el marco de las consultas públicas celebradas en diciembre de 2022 y julio de 2023. Como resultado principal del Pilar Uno, se espera que el Importe B no solo reduzca las cargas de cumplimiento que pesan sobre los contribuyentes, sino que, además, permita que las administraciones tributarias asignen recursos a operaciones más arriesgadas y complejas, a fin de garantizar con ello un planteamiento más eficaz y con mayor impacto en su cometido.

El Marco Inclusivo ha aprobado y ha publicado el presente informe[1].

Índice

Resumen ejecutivo

En octubre de 2021, el Marco Inclusivo de la OCDE y el G-20 sobre la erosión de la base imponible y el traslado de beneficios (en lo sucesivo, Marco Inclusivo) acordó simplificar y racionalizar la aplicación del principio de plena competencia respecto a las actividades básicas de comercialización y distribución en el país, prestando especial atención a las necesidades de jurisdicciones con menor capacidad. De conformidad con ello, el presente informe contiene directrices sobre las «Consideraciones especiales relativas a actividades básicas de distribución», que se incorpora a las Directrices de la OCDE aplicables en materia de Precios de Transferencia a Empresas Multinacionales y Administraciones Tributarias 2022 (*OECD Transfer Pricing Guidelines for Multinational Enterprises and Tax Administrations 2022*), como anexo al Capítulo IV. Se espera que el enfoque simplificado y racionalizado reflejado en estas directrices refuercen la seguridad jurídica tributaria y mitigue las cargas de cumplimiento, tanto de los contribuyentes como de las administraciones tributarias, en particular, de aquellas jurisdicciones con menor capacidad al contar con unos recursos limitados.

Las jurisdicciones pueden optar por aplicar el enfoque simplificado y racionalizado a las operaciones elegibles llevadas a cabo por los distribuidores que puedan acogerse a él. Las directrices de este informe detallan las características que han de tener los distribuidores incluidos en su ámbito de aplicación, lo cuales, por ejemplo, no pueden asumir ciertos riesgos económicamente significativos o poseer intangibles únicos y valiosos. Además, determinadas actividades pueden excluir a un distribuidor del ámbito de aplicación, como, por ejemplo, la distribución de productos básicos o bienes digitales. El enfoque simplificado y racionalizado proporciona un marco para la fijación del precio mediante un proceso de tres pasos que determina el rendimiento sobre las ventas de los distribuidores comprendidos en el ámbito de aplicación. Por último, el informe también ofrece directrices sobre la documentación, se refiere a cuestiones transitorias e incluye consideraciones acerca de la seguridad jurídica en materia tributaria.

Introducción

En su Declaración de octubre de 2021, el Marco Inclusivo de la OCDE y el G-20 sobre la erosión de la base imponible y el traslado de beneficios (en lo sucesivo, Marco Inclusivo) acordó simplificar y racionalizar la aplicación del principio de plena competencia respecto de las actividades básicas de comercialización y distribución en el país, prestando especial atención a las necesidades de las jurisdicciones con menor capacidad. En julio de 2023, el Marco Inclusivo acordó publicar el informe final sobre el Importe B, cuyo contenido se incorporaría en enero de 2024 a las Directrices de la OCDE aplicables en materia de Precios de Transferencia a Empresas Multinacionales y Administraciones Tributarias 2022 (*OECD Transfer Pricing Guidelines for Multinational Enterprises and Tax Administrations 2022)*, teniendo debidamente en cuenta las necesidades de las jurisdicciones con menor capacidad, así como la interdependencia del Importe B con la firma y entrada en vigor del Convenio Multilateral para implementar el Importe A del Primer Pilar Uno («CML»)[2].

Este informe responde al mandato del Marco Inclusivo, al proporcionar un enfoque simplificado y racionalizado (anteriormente denominado Importe B), que las jurisdicciones pueden optar por aplicar a los distribuidores residentes en sus jurisdicciones[3] que estén incluidos en el ámbito de aplicación. Refleja el consenso del Marco Inclusivo y tiene en cuenta los comentarios recibidos en respuesta a los documentos de consulta pública publicados el 8 de diciembre de 2022 y el 17 de julio de 2023. Como parte del trabajo actual, el Marco Inclusivo está trabajando en un criterio de alcance cualitativo complementario y opcional que las jurisdicciones pueden optar por aplicar como paso adicional para identificar a aquellos distribuidores que realizan actividades que no son básicas a efectos del enfoque simplificado y racionalizado. Este trabajo terminará el 31 de marzo de 2024, con las novedades que se hayan de incorporar a las Directrices de la OCDE aplicables en materia de precios de transferencia[4].

El enfoque simplificado y racionalizado se basa en los principios generales establecidos en las Directrices de la OCDE aplicables en materia de precios de transferencia y se incorpora a ellas como anexo al Capítulo IV. En particular, las directrices en este informe no deben emplearse como base para interpretar la aplicación de los principios generales reflejados en las restantes partes de las Directrices de la OCDE aplicables en materia de precios de transferencia, con relación a cualquier operación, ni debe entenderse que estas directrices son una revisión de dichos principios. Tras la publicación del presente informe, las jurisdicciones podrán optar por aplicar el enfoque simplificado y racionalizado a las operaciones que estén dentro de su ámbito de aplicación, efectuadas por las partes objeto de análisis, en sus jurisdicciones, para los ejercicios fiscales que empiecen a partir del 1 de enero de 2025.

Las jurisdicciones pueden optar por aplicar el enfoque simplificado y racionalizado a las operaciones elegibles, realizadas por las partes objeto de análisis incluidas en su ámbito de aplicación, de acuerdo con las opciones articuladas en la sección 2 del presente informe. De manera similar a otros enfoques optativos de las Directrices de la OCDE aplicables en materia de precios de transferencia, el resultado obtenido por una jurisdicción que ha optado por aplicar el enfoque simplificado y racionalizado a las operaciones elegibles realizadas por una parte objeto de análisis dentro del ámbito de aplicación no es vinculante para la jurisdicción de la contraparte en la que radica la empresa asociada que es parte de la operación vinculada. Sin embargo, sin perjuicio de su legislación y prácticas administrativas domésticas, los miembros del Marco Inclusivo se comprometen a respetar el resultado de aplicar el enfoque simplificado y racionalizado a las operaciones incluidas en el ámbito de aplicación por parte de jurisdicciones con menor capacidad[5], así como a adoptar todas las medidas que sean razonables para paliar cualquier doble imposición que pueda derivarse de la aplicación de este enfoque por una jurisdicción con menor capacidad, siempre que exista un convenio para evitar la doble imposición entre las jurisdicciones afectadas[6]. En 2024, el Marco Inclusivo trabajará en la implementación de este compromiso, entre otras cosas, mediante la elaboración de acuerdos entre las autoridades competentes que puedan usarse en el marco de las relaciones derivadas de convenios fiscales bilaterales, teniendo en cuenta el doble objetivo de dichos convenios de evitar tanto la doble imposición como la doble no imposición. En 2024, el Marco Inclusivo aprobará por consenso, en el marco de este compromiso, los elementos de la propuesta y la lista de las jurisdicciones con menor capacidad. El Marco Inclusivo aprobará la lista de jurisdicciones de baja menor antes del 31 de marzo de 2024[7].

La sección 3 del presente informe describe y define el conjunto de operaciones elegibles para acogerse al enfoque simplificado y racionalizado y, en consecuencia, las características de los distribuidores incluidos en su ámbito de aplicación. Los distribuidores incluidos en el ámbito de aplicación, por ejemplo, no pueden poseer intangibles únicos y valiosos ni asumir ciertos riesgos económicamente significativos. El enfoque simplificado y racionalizado permite que los distribuidores incluidos en su ámbito de aplicación lleven a cabo operaciones distintas a las de distribución cuando estas puedan evaluarse adecuadamente y se pueda determinar su precio de forma fiable por separado de acuerdo con los principios generales señalados en las Directrices de la OCDE aplicables en materia de precios de transferencia. El enfoque también permite la realización de ventas minoristas por debajo de un umbral y excluye de su ámbito de aplicación la distribución de bienes digitales, productos básicos y servicios.

La sección 4 de este informe elabora la relación de este enfoque simplificado y racionalizado con el principio del método más apropiado y la sección 5 describe un proceso de tres pasos para determinar un rendimiento sobre ventas para los distribuidores incluidos en su ámbito de aplicación que proporciona una aproximación a un resultado de plena competencia. Este marco de fijación de precios incluye una matriz de precios[8]; un mecanismo de verificación de los gastos de explotación[9] y un mecanismo de ajuste en ausencia de datos[10] [11]. Las secciones 6 y 7 se ocupan de la documentación y cuestiones transitorias, y la sección 8 aborda la seguridad jurídica en materia tributaria y la eliminación de doble imposición.

El Marco Inclusivo ha encomendado al Grupo de Trabajo 1 que elabore una serie de disposiciones que serán incluidas en el comentario al artículo 25 del Modelo de Convenio Tributario de la OCDE y que reflejen el texto acordado de este informe, en concreto, en la sección 8. El Grupo de Trabajo 1 trabajará en el desarrollo de estos cambios en 2024, con el objetivo de incluirlos en la próxima actualización del Modelo de Convenio Tributario de la OCDE.

El Marco Inclusivo recabará información sobre la aplicación práctica del enfoque simplificado y racionalizado una vez que este lleve funcionando un tiempo. El marco para recopilar dicha información se desarrollará en 2024[12][12]. Este se estructurará a partir de la información que se deriva de las obligaciones en materia de información y las prácticas en materia de inspección de las jurisdicciones y considerará los recursos necesarios para emprender esta tarea. Por consiguiente, no debería representar una carga administrativa excesiva para las administraciones tributarias. Además, podría considerarse la posibilidad de elaborar nuevas directrices de aplicación, en función de las necesidades.

Notas

[1] Nota de India: India desea dejar constancia de su reserva sobre la naturaleza incompleta del informe por el hecho de no incluir las definiciones de «jurisdicciones con menor capacidad» y «jurisdicciones que pueden acogerse al régimen», ni un criterio opcional de alcance cualitativo adecuadamente delineado. Además, India también desea dejar constancia de su reserva acerca de varios aspectos de la estructura del Importe B, entre los que se incluyen, sin limitarse a ellos, el mecanismo de verificación de los gastos de explotación y el diseño general de la metodología de fijación de los precios de transferencia. Las reservas se incluyen de forma pormenorizada en las notas a pie de página del informe.

[2] OCDE (2023), Declaración de Resultados sobre el enfoque de dos pilares para abordar los desafíos fiscales derivados de la digitalización de la economía - 11 de julio de 2023 (https://www.oecd.org/content/dam/oecd/en/topics/policy-issues/beps/declaracion-de-resultados-sobre-el-enfoque-de-dos-pilares-para-abordar-los-desafios-fiscales-derivados-de-la-digitalizacion-de-la-economia-julio-2023.pdf).

[3] El contenido del presente informe, incluidos los elementos de diseño, debe considerarse sin perjuicio de cualquier trabajo futuro sobre el Importe B, como la interdependencia del Importe B con la firma y entrada en vigor del CML.

[4] Nota de India: India considera que, a fin de garantizar que el ámbito de aplicación sólo captura a distribuidores básicos, es esencial la correcta definición del criterio cualitativo. India manifiesta su incapacidad para seguir apoyando las labores relativas al Importe B si el referido criterio no se incorpora a los criterios del ámbito de aplicación de este informe.

[5] En la página web de la OCDE, se publicará la lista de jurisdicciones con menor capacidad a estos efectos.

[6] Algunos miembros del Marco Inclusivo podrían estar en condiciones y dispuestos, de acuerdo con su legislación y procedimientos administrativos internos, a ampliar este compromiso a aquellos supuestos en los que no exista un convenio tributario bilateral.

[7] Nota de India: India manifiesta que no podrá asumir un compromiso político en lo que respecta a un conjunto indeterminado de jurisdicciones calificadas como «jurisdicciones con menor capacidad» en un informe sobre el Importe B que está incompleto. India considera que, antes de abordar la cuestión relativa al compromiso político, debería finalizarse el informe y consensuarse la definición de «jurisdicciones con menor capacidad».

[8] Nota de India: India desea dejar constancia de su reserva relativa a los elementos del diseño de la metodología de fijación de los precios que incluye, sin limitarse a ellos, la exclusión del fondo de comercio del inmovilizado inmaterial para el cálculo de los activos de explotación netos de una parte objeto de análisis, el amplio margen de desviación de +/-0,5 % con respecto a la mediana que se ha permitido para cada término de la matriz de precios, el diseño de la matriz de precios usando una única base de datos comercial que no ha arrojado un conjunto de datos representativos geográficamente, la pertinencia de los criterios de selección, el factor usado en la matriz y su categorización.

[9] Nota de India: India manifiesta su objeción en principio al uso de una métrica basada en los gastos de explotación a efectos del mecanismo de verificación a fin de establecer un límite superior (o inferior) al rendimiento de los distribuidores de acuerdo con el Importe B. India considera que el valor de las aportaciones funcionales de un distribuidor se refleja en sus ventas y no en sus gastos de explotación. India también considera que el mecanismo de verificación de los gastos de explotación podría tener efectos negativos para los países de renta baja, donde considera que los gastos de explotación de los distribuidores que se encuentran en una situación similar son sistemáticamente inferiores a los de los países de renta alta, y que los porcentajes máximos alternativos pueden no abordar suficientemente esta cuestión.

[10] En proceso de elaboración del Importe B, el Marco Inclusivo ha considerado varios mecanismos para abordar las diferencias geográficas, tal y como se refleja en los documentos de consulta de diciembre de 2022 y julio de 2023.

[11] Nota de India: India manifiesta su objeción a la falta de una definición adecuada de «jurisdicciones que pueden acogerse al régimen» en las secciones 5.2 y 5.3, así como a la propuesta de incorporarla en el futuro.

[12] Nota de India: India desea dejar constancia de su reserva a la propuesta de desarrollar un marco para recabar información sobre la aplicación práctica del Importe B por la falta de información respecto a dicho marco. Además, a India le preocupan los cuantiosos recursos que requiere dicho ejercicio, sobre todo desde el punto de vista de las jurisdicciones con limitaciones de capacidad.

Las siguientes secciones del presente informe se incorporan como anexo al capítulo IV de las Directrices de la OCDE aplicables en materia de precios de transferencia.

Cuestiones de aplicación específica a las actividades básicas de distribución

DEFINICIONES

Las acepciones de los siguientes términos se establecen a los solos efectos de estas directrices.

Por ***distribuidor*** se entienden los distribuidores, agentes de ventas y comisionistas mayoristas involucrados en la comercialización de bienes1. Cuando proceda, se hará referencia expresa a la condición de mayorista o minorista del distribuidor, agente de ventas o comisionista.

La ***distribución mayorista*** incluye la distribución a cualquier tipo de cliente, salvo a consumidores finales. A los efectos de estas directrices, se considera que un distribuidor que se dedica a la distribución mayorista y minorista realiza exclusivamente distribución mayorista cuando sus ingresos netos medios ponderados de los tres años anteriores por la actividad minorista no superen el 20 % de la media de sus ingresos netos ponderados de los tres últimos años[2].

Por ***distribución minorista*** se entiende la distribución a consumidores finales, normalmente a través de tiendas físicas o tiendas online.

[1] El ámbito de aplicación de estas directrices se limita a la distribución mayorista de bienes tangibles y no incluye servicios (incluidos los servicios digitales).

[2] Para determinar si se supera este límite, cada año, debe calcularse el referido umbral como media ponderada de los tres últimos años. Por ejemplo, para una operación realizada en el ejercicio fiscal *x*, el umbral medio ponderado de los tres últimos años se obtiene (A) sumando los ingresos anuales por actividades minoristas de los años *x-3*, *x-2* y *x-1* y, entonces, (B) sumando los ingresos netos anuales del mismo periodo y dividiendo (A) entre (B) para obtener el porcentaje pertinente. Cuando la operación elegible se haya realizado durante dos años, se utilizará un coeficiente medio ponderado de dos años y cuando solo se haya realizado durante un año, el coeficiente se calculará teniendo en cuenta los resultados financieros de ese año.

Por ***distribución básica*** se entienden las actividades que llevan a cabo los distribuidores cuando estos actúen como partes objeto de análisis en operaciones elegibles del párrafo 10 de estas directrices y cuando dichos distribuidores cumplan los criterios del ámbito de aplicación referidos en los párrafos 13 y 14 de estas directrices.

Por ***funciones básicas de distribución*** se entienden las funciones de distribución que normalmente realizan los distribuidores básicos, en función del modelo de negocio del distribuidor, es decir, si se trata de un distribuidor, agente de ventas o comisionista. Las funciones básicas de distribución pueden incluir la compra de bienes para su reventa, la identificación de nuevos clientes y la gestión de las relaciones de los clientes, determinados servicios posventa, la realización de actividades promocionales de publicidad o marketing, el almacenamiento de mercancías, la tramitación de pedidos o la realización de tareas de logística, facturación y cobro. La intensidad y complejidad de las funciones básicas de distribución puede variar y, en concreto, se excluyen las actividades no relacionadas con la distribución que puedan hacer que un distribuidor se quede fuera del ámbito de aplicación del enfoque simplificado y racionalizado (véase la sección 3.3.4 de estas directrices).

Las ***actividades no relacionadas con la distribución*** son actividades económicas distintas de la distribución mayorista, como, por ejemplo, la fabricación, la investigación y el desarrollo, el aprovisionamiento o la financiación que no sean accesorias a una operación elegible. Valga señalar que, a los meros efectos de aplicar el criterio de alcance 14.b, las actividades no relacionadas con la distribución incluyen la distribución minorista por encima del umbral de *minimis* referido en la definición de distribución mayorista (en aquellos casos en que se supere este umbral, toda la distribución minorista se tratará como actividad no relacionada con la distribución).

Por ***conjunto de datos global*** se entiende el conjunto de sociedades obtenido a partir de una búsqueda en una base de datos comercial que contenga datos financieros de empresas de todo el mundo, sin aplicar ningún filtro geográfico, y que en parte constituye la base a la aproximación a un resultado de plena competencia de acuerdo con el enfoque simplificado y racionalizado referido en la sección 5.

Por ***normas de contabilidad aplicables*** se entiende cualquier norma contable que se pueda emplear como base para elaborar los estados financieros en la jurisdicción de residencia de la parte objeto de análisis que desarrolla actividades básicas de distribución, así como cualquier otra norma contable cuyo uso permita dicha jurisdicción a los efectos de aplicar el enfoque simplificado y racionalizado referido en la sección 5.

Por ***ingresos*** netos se entienden los ingresos totales por ventas, excluidos los rappels por ventas, descuentos por pronto pago y rebajas, calculados de conformidad con las normas de contabilidad aplicables.

Por ***resultado neto de explotación*** (conocido por su sigla en inglés EBIT, literalmente beneficio antes de intereses e impuestos) se entiende el beneficio de la cuenta financiera antes de impuestos e ingresos o gastos financieros. Los ingresos o gastos financieros comprenden, entre otras cosas, los intereses percibidos, los gastos por intereses y las pérdidas y ganancias sobre inversiones[3]. En general, el EBIT no debería incluir ninguna partida excepcional que no esté relacionada con las

[3] Véase el párrafo 2.88 de estas Directrices donde se realiza una consideración específica acerca de los riesgos cambiarios y los costes a ellos asociados, así como el tratamiento que se les podría dar al calcular los ingresos netos, el coste de las mercancías vendidas y cualesquiera otras partidas y ratios aplicables en el enfoque simplificado y racionalizado. Cabe la posibilidad de que, si la exposición es económicamente significativa, se den circunstancias en las que una parte que asume dichos riesgos no cumpla los criterios de alcance descritos en la sección 3.2.

operaciones recurrentes de la empresa, que deben cuantificarse de conformidad con las normas de contabilidad aplicables.

Por ***rendimiento sobre las ventas*** se entiende el coeficiente entre el EBIT y los ingresos netos, expresado en porcentaje, y calculado de acuerdo con las normas de contabilidad aplicables.

Por ***activos de explotación netos*** se entiende el inmovilizado material e inmaterial más el capital circulante calculado en valores medios[4] para un ejercicio fiscal de referencia de acuerdo con las normas de contabilidad aplicables. El inmovilizado material comprende los edificios, las instalaciones y la maquinaria, deducida la depreciación acumulada, más los terrenos y los arrendamientos financieros netos. El inmovilizado inmaterial comprende todos los activos fijos intangibles, deducida la amortización acumulada, con exclusión del fondo de comercio. El capital circulante es la suma de las existencias, más los deudores, menos los acreedores[5].

Por ***gastos de explotación*** se entienden los costes totales excluidos el coste de las mercancías vendidas, los costes repercutidos sin margen debidamente excluidos de acuerdo con una definición precisa de la operación[6] y los costes relacionados con la financiación, las actividades de inversión o los impuestos sobre los beneficios, calculados de acuerdo con las normas de contabilidad aplicables. Además, los gastos de explotación no incluyen ninguna partida excepcional que no esté relacionada con las operaciones recurrentes de la empresa, que deben cuantificarse de conformidad con las normas de contabilidad aplicables.

Por ***intensidad de activos de explotación netos (OAS, por su sigla en inglés)*** se entiende la relación entre los activos de explotación netos y los ingresos netos, expresada en porcentaje[7].

Por ***intensidad de gastos de explotación (OES, por su sigla en inglés)*** se entiende la relación entre los gastos de explotación y los ingresos netos, expresada en porcentaje[8].

---

[4] Los activos de explotación netos calculados en valores medios son la suma de los activos de explotación netos de un determinado ejercicio fiscal (es decir, el balance de cierre) más los activos de explotación netos del ejercicio anterior (esto es, el saldo de apertura) dividido entre dos.

[5] Entre los acreedores se incluyen los saldos acreedores de terceros y entre empresas. A los efectos de determinar los acreedores de la parte objeto de análisis y mitigar el riesgo de que las condiciones del crédito distorsionen la realidad, se aplica un límite de seguridad de 90 días a las cuentas por pagar. En la nota a pie de página 29 en la sección 5 se pueden consultar unas pautas prácticas más detallas.

[6] La relevancia y el tratamiento de los costes repercutidos sin margen se aborda en la nota a pie de página 24 de la sección 3 de estas directrices.

[7] Esta relación debe calcularse como media ponderada de los tres últimos años, para cada ejercicio fiscal, a fin de determinar la clasificación de intensidad del factor. Por ejemplo, para una parte objeto de análisis en el ejercicio fiscal *x*, el coeficiente medio ponderado de los tres últimos años se obtiene (A) sumando los activos de explotación netos anuales de los años *x-3*, *x-2* y *x-1* y entonces (B) sumando los ingresos totales netos anuales del mismo periodo y dividiendo (A) entre (B) para obtener el porcentaje pertinente. Cuando la operación elegible se haya realizado durante dos años, se utilizará un coeficiente medio ponderado de dos años y cuando solo se haya realizado durante un año, el coeficiente se calculará teniendo en cuenta los resultados financieros de ese año.

[8] Esta relación debe calcularse como media ponderada de los tres últimos años, para cada ejercicio fiscal, a fin de determinar si se traspasa el umbral del alcance y determinar la clasificación de intensidad del factor. Por ejemplo, para una parte objeto de análisis en el ejercicio fiscal *x*, el umbral medio ponderado de los tres últimos años se obtiene (A) sumando los gastos de explotación anuales de los años *x-3*, *x-2* y *x-1* y entonces (B) sumando los ingresos totales netos anuales del mismo periodo y dividiendo (A) entre (B) para obtener el porcentaje pertinente. Cuando la operación

Por ***agrupación sectorial*** se entiende la categorización de las industrias y los sectores industriales específicos, en los que operan los distribuidores incluidos en el ámbito de aplicación, en tres agrupaciones predefinidas en función de las relaciones observadas entre industrias o productos específicos y la rentabilidad que se atribuye a la distribución básica de dichos productos. Las categorías de bienes que entran dentro de cada uno de los tres grupos industriales son:

- Grupo 1: alimentos perecederos, comestibles, consumibles domésticos, materiales y suministros de construcción, suministros de fontanería y metales.
- Grupo 2: hardware y componentes de TI, componentes y consumibles eléctricos, alimentos para animales, suministros agrícolas, alcohol y tabaco, alimentos para mascotas, prendas de vestir, calzado y otras prendas, plásticos y productos químicos, lubricantes, colorantes, productos farmacéuticos, cosméticos, productos de salud y bienestar, electrodomésticos, productos electrónicos de consumo, muebles, artículos para el hogar y la oficina, material impreso, papel y embalaje, joyería, cueros y pieles textiles, vehículos domésticos nuevos y usados, repuestos y suministros para vehículos, productos mixtos y productos y componentes no incluidos en los grupos 1 o 3.
- Grupo 3: maquinaria médica, maquinaria industrial, incluidos vehículos industriales y agrícolas, herramientas industriales, componentes industriales, suministros diversos.

Por ***clasificación por intensidad del factor*** se entiende la segmentación de diferentes niveles de la intensidad de los activos de explotación netos y los gastos de explotación en cinco clasificaciones predefinidas basadas en las relaciones observadas entre la intensidad de los activos y los gastos y la rentabilidad que se le atribuye a la distribución básica. Las clasificaciones por intensidad del factor se definen en la matriz de precios del cuadro 5.1 de la sección 5.

Por ***jurisdicciones que pueden acogerse al régimen en el sentido de la sección 5.3*** se entienden las jurisdicciones en las que se aplica el mecanismo de ajuste en ausencia de datos de la sección 5.3 para determinar el rendimiento ajustado de las partes objeto de análisis radicadas en las referidas jurisdicciones. Los criterios para aplicar el enfoque se incorporarán a estas directrices en las próximas actualizaciones. La lista de las jurisdicciones que pueden acogerse al régimen a los efectos de la sección 5.3 se determinará de forma prospectiva en función de dichos criterios, se publicará y actualizará cada cinco años en la página web de la OCDE.

Por ***calificación soberana*** se entienden las calificaciones crediticias soberanas a largo plazo, públicamente disponibles, que una agencia de calificación crediticia independiente y reconocida atribuye o reafirma periódicamente a una jurisdicción y que son pertinentes en relación con las directrices de la sección 5.3.

Por ***agencia o agencias de calificación crediticia independientes y reconocidas*** se entienden las siguientes agencias de calificación crediticia independientes: Moody's Investors Service, S&P Global Ratings y Fitch Ratings y pertinentes en relación con las directrices de la sección 5.3.

Por ***rendimiento equivalente sobre los gastos de explotación*** se entiende el rendimiento sobre las ventas de la parte objeto de análisis calculado de acuerdo con la sección 5.1 y convertido a la correspondiente relación entre el EBIT y los gastos de explotación a efectos de aplicar el mecanismo de verificación de los gastos de explotación a que se refiere la

elegible se haya realizado durante dos años, se utilizará un coeficiente medio ponderado de dos años y cuando solo se haya realizado durante un año, el coeficiente se calculará teniendo en cuenta los resultados financieros de ese año.

sección 5.2.

Por ***límite máximo de gastos de explotación*** se entiende el rendimiento equivalente máximo de los gastos de explotación, especificado en el cuadro 5.2, que el enfoque simplificado y racionalizado producirá para una determinada parte objeto de análisis de conformidad con la sección 5.2.

Por ***límite mínimo de gastos de explotación*** se entiende el rendimiento equivalente mínimo de los gastos de explotación, especificado en el cuadro 5.2, que el enfoque simplificado y racionalizado producirá para una determinada parte objeto de análisis de conformidad con la sección 5.2.

Por ***jurisdicciones que pueden acogerse al régimen en el sentido de la sección 5.2*** se entienden las jurisdicciones en las que se aplican porcentajes máximos alternativos a efectos de determinar el rango establecido por un límite máximo y mínimo de gastos de explotación para las partes objeto de análisis radicadas en las referidas jurisdicciones. Los criterios para aplicar el enfoque se incorporarán a estas directrices en las próximas actualizaciones. La lista de las jurisdicciones que pueden acogerse al régimen a efectos de la sección 5.2 se determinará de forma prospectiva en función de dichos criterios, se publicará y actualizará cada cinco años en la página web de la OCDE.

*Las referencias a las «**restantes partes de estas Directrices**»* o «***estas Directrices***» se refieren a la totalidad de las Directrices de la OCDE aplicables en materia de precios de transferencia a empresas multinacionales y administraciones tributarias, excepto las directrices que contiene el presente anexo.

Las referencias a «***estas directrices***» se refieren a la totalidad del presente anexo y no a las restantes partes de estas Directrices.

1 Introducción

1. La distribución es una función necesaria para que los grupos de empresas multinacionales materialicen con éxito el valor creado a lo largo de las diversas etapas por las que pasan sus negocios. En general, el concepto de distribución es amplio, pero, al menos, engloba la ejecución de las principales actividades de distribución.

2. Las controversias en materia de precios de transferencia relativos a acuerdos de comercialización y distribución básicas pueden entrañar dificultades administrativas para las administraciones tributarias, sobre todo, en las jurisdicciones con menor capacidad, y traducirse en cargas de cumplimiento para los contribuyentes. Estas controversias pueden surgir respecto a la definición precisa del acuerdo. Las controversias también pueden plantearse en relación con las consideraciones relativas a la fijación de los precios de los acuerdos de comercialización y distribución, con especial atención en ámbitos como la selección del método de determinación de los precios de transferencia, la idoneidad de los análisis de estudios de comparables (en particular, la identificación y la selección de comparables no nacionales) o, cuando proceda, sobre cómo practicar los correspondientes ajustes de comparabilidad.

3. El enfoque simplificado y racionalizado articulado en estas directrices se basa en los capítulos I a III y tiene en cuenta la sección E del capítulo IV de estas Directrices. Contiene un enfoque simplificado y racionalizado para obtener una aproximación al resultado libre competencia en el caso de acuerdos de comercialización y distribución básicas incluidos en su ámbito de aplicación. Busca facilitar el cumplimiento, prevenir que surjan controversias relacionadas con los precios de transferencia y ayudar a resolver aquellas que surjan de una forma más eficaz.

4. El enfoque simplificado y racionalizado debe considerarse una medida de simplificación de la determinación de los precios para los acuerdos de distribución incluidos en el ámbito de aplicación, que se inspira en los principios generales incluidos en las restantes partes de estas Directrices. Las directrices contenidas en este anexo no deben considerarse como una revisión de esos principios generales ni debe servir de base para interpretar la aplicación de las restantes partes de estas Directrices a cualquier operación.

2 Consideraciones relativas a la aplicación del enfoque simplificado y racionalizado

5. Las jurisdicciones tienen diversos contextos y enfrentan diferentes problemas a la hora de aplicar el principio de plena competencia. Por ejemplo, en situaciones en las que las jurisdicciones enfrentan limitaciones de capacidad o desafíos asociados con la identificación de fuentes de información fiables, pueden optar por aplicar el enfoque simplificado y racionalizado a los distribuidores residentes en su jurisdicción.

6. El diseño del enfoque simplificado y racionalizado facilita la fijación de los precios de las operaciones incluidas en su ámbito de aplicación al proporcionar una solución cercana a un resultado de plena competencia en la jurisdicción de la parte objeto de análisis. En las jurisdicciones que opten por aplicar el enfoque simplificado y racionalizado[9], se considerará que este proporciona un resultado de plena competencia. En las jurisdicciones que opten por no aplicar el enfoque simplificado y racionalizado, dicho enfoque no será considerado como si proporcionara un resultado de plena competencia (incluso a efectos del artículo 9 del Modelo de Convenio de la OCDE y, por extensión, del artículo 25). El resultado obtenido por una jurisdicción de conformidad con este enfoque simplificado y racionalizado no es vinculante para la jurisdicción de la contraparte[10].

7. Una jurisdicción que decida aplicar el enfoque simplificado y racionalizado puede optar por aplicarlo utilizando una de dos opciones, que especifican qué parte o partes pueden imponer el enfoque simplificado y racionalizado[11]. En la primera opción, la jurisdicción permite que las partes objeto de análisis residentes en dicha jurisdicción opten por aplicar el enfoque simplificado y racionalizado. En la segunda opción, la jurisdicción puede exigir, de manera preceptiva, que su administración tributaria y las partes objeto de análisis residentes en la jurisdicción utilicen el enfoque simplificado y racionalizado y, por consiguiente, la administración tributaria puede determinar que los contribuyentes apliquen el enfoque simplificado y racionalizado cuando se cumplan los criterios de alcance y la administración tributaria estaría obligada a aplicarlo en circunstancias análogas.

8. Con independencia de la opción que elija la jurisdicción, las autoridades competentes y los contribuyentes deben tener en cuenta importantes las repercusiones a efectos de evitar la doble imposición, habida cuenta de las directrices de los párrafos 4.117 y 4.131 de estas Directrices y la sección

[9] La lista de jurisdicciones que aplican el enfoque simplificado y racionalizado para las partes objeto de análisis dentro de sus jurisdicciones se publicará en la página web de la OCDE.

[10] Cabe señalar que el resultado de aplicar el enfoque simplificado y racionalizado en algunos casos puede coincidir con el resultado de aplicar las restantes partes de estas Directrices.

[11] Véase el Capítulo IV de estas Directrices, en concreto, los párrafos 4.102 y 4.108.

8 de estas directrices. Los contribuyentes no pueden servirse del enfoque simplificado y racionalizado para justificar que un resultado deba tratarse como si fuera de plena competencia cuando efectúen sus declaraciones de impuestos en jurisdicciones que no aplican el referido enfoque[12]. Este sería el caso de declaraciones que han de presentarse en la jurisdicción de la parte objeto de análisis cuando dicha jurisdicción no haya adoptado el enfoque simplificado y racionalizado. También sería el caso de declaraciones que han de presentarse en la jurisdicción de la contraparte cuando dicha jurisdicción no haya adoptado el referido enfoque, aunque la parte objeto de análisis se encuentre en una jurisdicción que sí lo haya adoptado.

9. El resultado de plena competencia de las operaciones que no están incluidas en el ámbito de aplicación debe valorarse exclusivamente de acuerdo con los principios definidos en las restantes partes de estas Directrices. Además, el hecho de que a una actividad no reúna las condiciones para la aplicación del enfoque simplificado y racionalizado de conformidad con estas directrices, no debe interpretarse en el sentido de que dicha actividad genera unos rendimientos más bajos o más altos de los que son aceptables de acuerdo con el enfoque simplificado y racionalizado o que los rendimientos aplicados a los contribuyentes incluidos en el ámbito de aplicación representan un «suelo» o un «techo» para los rendimientos de las actividades de distribución en general.

[12] Véase también las secciones 6 y 8 (en particular, el párrafo 72) de estas directrices. Si un contribuyente presenta su declaración tributaria de acuerdo con el enfoque simplificado y racionalizado en una jurisdicción que no haya optado por aplicarlo, podría considerarse que no se cumplen las obligaciones de presentación de información locales pertinentes, como la presentación de determinada documentación, de conformidad con las normas nacionales de dicha jurisdicción.

3 Operaciones incluidas en el ámbito de aplicación

3.1. Operaciones elegibles

10. Las siguientes operaciones vinculadas son operaciones elegibles para acogerse al enfoque simplificado y racionalizado:

a. Operaciones de comercialización y distribución en las que el distribuidor compra bienes de una o más empresas asociadas para su distribución mayorista a partes no vinculadas; y,

b. Operaciones de agencia de venta y comisionista en las que el agente de ventas o comisionista contribuye a la distribución mayorista de bienes de una o más empresas asociadas a partes no vinculadas[13].

11. Antes de aplicar los criterios del ámbito de aplicación, ha de llevarse a cabo una definición precisa de la operación elegible de acuerdo con el capítulo I de estas Directrices, teniendo en cuenta los cinco factores de comparabilidad y las características con relevancia económica de la operación[14]. Una operación elegible, definida de forma precisa, se sujetará al enfoque simplificado y racionalizado cuando satisfaga los criterios de; ámbito de aplicación definidos en la sección 3.2. En consecuencia, la información que se obtiene al definir de forma precisa la operación se utilizará para evaluar si cumple cada uno de los criterios del ámbito de aplicación a fin de determinar si está sujeta al enfoque simplificado y racionalizado.

12. La determinación de si una operación elegible entra en el ámbito de aplicación no depende de la adopción de etiquetas concretas, sino principalmente de las funciones desarrolladas, los activos utilizados y los riesgos que asumen las partes de la operación elegible. Aunque estas directrices no pretendan ofrecer una lista exhaustiva de cuáles son las actividades básicas de comercialización y distribución, reconocen que los distribuidores deben desempeñar una serie de funciones básicas de distribución en relación con las operaciones incluidas en el ámbito de aplicación.

---

[13] La empresa asociada que contrata al agente de ventas o comisionista, y que es la contraparte del agente de ventas o comisionista en la operación que potencialmente puede acogerse al régimen, debe vender las mercancías directamente a partes no vinculadas, esto es, sin que ni ella ni el agente de ventas o comisionista contraten a otras partes vinculadas como intermediarios entre ella y los clientes de la parte no vinculada.

[14] Véase asimismo el párrafo 1.34 de estas Directrices, que debe tenerse en cuenta al aplicar el enfoque simplificado y racionalizado.

3.2. Criterios del ámbito de aplicación

13. Para que una operación elegible esté dentro del ámbito de aplicación del enfoque simplificado y racionalizado debe:

a. Exhibir características con relevancia económica que signifiquen que se pueda fijar un precio fiable utilizando un método de precios de transferencia unilateral, donde el distribuidor, el agente de ventas o el comisionista sean la parte objeto de análisis[15].

b. La parte objeto de análisis en la operación elegible no debe incurrir en unos gastos de explotación anuales inferiores al 3 % o superiores a un límite superior que se sitúa entre el 20 y el 30 % de sus ingresos netos anuales[16] [17].

14. Sin embargo, una operación elegible que no se encuentre fuera del ámbito de aplicación del enfoque simplificado y racionalizado de acuerdo con el párrafo 13, puede aun así excluirse del ámbito de aplicación si:

a. La operación elegible conlleva la distribución de bienes no tangibles, servicios o la comercialización o distribución de productos básicos; o

b. la parte objeto de análisis no sólo realiza la operación elegible, sino también lleva a cabo actividades distintas de la distribución, a menos que la operación pueda evaluarse adecuadamente de manera segmentada y pueda valorarse de manera fiable por separado de las actividades diferentes a la distribución[18] [19].

3.3. Comentario

15. Esta subsección trata de aclarar e ilustrar la aplicación de los criterios del ámbito de aplicación a las operaciones elegibles.

[15] Véase 2.4, 2.65, 2.66, 2.126, 3.18 y 3.19. Además, para conocer el debate relativo al conjunto de circunstancias con relevancia económica en las que el método del margen neto operacional es el método más adecuado, véase el capítulo II, parte III, sección B. La sección 4 de estas directrices proporciona un examen adicional sobre esta cuestión en el contexto de la determinación del rendimiento de plena competencia en el marco del enfoque simplificado y racionalizado.

[16] Cuando el comisionista o el agente de ventas no sea la entidad que efectúa la venta, para calcular la relación entre los gastos de explotación y las ventas se tendrán en cuenta las ventas de la contraparte del comisionista o agente de ventas (es decir, cualquiera que sea la entidad que realiza la venta al cliente del tercero); sin embargo, los gastos de explotación netos del comisionista o agente de ventas serán siempre el único elemento incluido en el numerador de los coeficientes.

[17] Las jurisdicciones que opten por aplicar el enfoque simplificado y racionalizado determinarán el límite superior aplicable a este criterio de alcance cuando lo empiecen a aplicar, que no será inferior al 20 % ni superior al 30 %.

[18] Véase los párrafos 3.9 a 3.12 de estas Directrices.

[19] Cuando una parte objeto de análisis en una operación elegible lleva a cabo actividades que no son de distribución de forma que sea necesario evaluar el criterio de alcance 14.b, el cálculo de los coeficientes necesarios para determinar si dicha operación está dentro del ámbito de aplicación o cualquier otra ratio que sea necesaria para la evaluación de las operaciones elegibles a que se refiere estas directrices, debe realizarse únicamente en relación con los ingresos, los gastos o los activos relacionados con la operación elegible.

3.3.1. Criterio del párrafo 13.a - La operación elegible debe tener características con relevancia económica que permitan valorarla de forma fiable mediante un método unilateral, donde el distribuidor es la parte objeto de análisis

16. El criterio del ámbito de aplicación del párrafo 13.a limita la aplicación del enfoque simplificado y racionalizado al conjunto de operaciones cuyo precio se pueda fijar de forma fiable usando un método unilateral y donde el distribuidor sea la parte objeto de análisis.

17. Al evaluar si una operación elegible está dentro del ámbito de aplicación, es especialmente importante determinar que no debe aplicarse un método de precios de transferencia bilateral. En consecuencia, el primer criterio establece que cualquier distribuidor incluido en el ámbito de aplicación debe exhibir características con relevancia económica que permitan la determinación de un precio fiable para la operación elegible utilizando un método de precios de transferencia unilateral. La sección 4 establece que el método del margen neto operacional es el más apropiado para fijar el precio de las operaciones incluidas en el ámbito de aplicación de acuerdo con el enfoque simplificado y racionalizado, aunque contempla una excepción que permite el uso del método del precio libre comparable cuando pueda emplearse para fijar precios fiables utilizando comparables internos, y la información esté fácilmente disponible para las administraciones tributarias y los contribuyentes.

18. El capítulo II, parte III, sección C.2.2 describe, para las operaciones elegibles, tres características con relevancia económica que indican un método de precios de transferencia unilateral puede no ser el adecuado para establecer las condiciones de plena competencia de una operación elegible. Estas características deben aplicarse para evaluar si una operación elegible puede acogerse al enfoque simplificado y racionalizado. La primera es si las aportaciones de las partes en la operación elegible son «únicas y valiosas», entre ellas, las aportaciones de intangibles únicos y valiosos (C.2.2.1)[20]. La segunda es si el distribuidor y sus contrapartes realizan funciones, usan activos y asumen riesgos en la operación elegible con tal grado de integración que sus aportaciones no pueden evaluarse correctamente por separado unas de las otras (C.2.2.2). La tercera es si el distribuidor y sus contrapartes comparten la asunción de uno o más riesgos económicamente significativos de la operación o si las partes asumen por separado los diversos riesgos económicamente significativos relacionados con la operación, pero estos están tan íntimamente interrelacionados o correlacionados que los riesgos de cada parte no pueden aislarse de forma fiable (C.2.2.3).

19. Los ejemplos 1 a 4 del anexo II del capítulo II de estas Directrices ofrecen información útil acerca de la aplicación práctica de este criterio de alcance.

20. Dependiendo de la definición precisa que se haga de la operación elegible, entre las aportaciones únicas y valiosas del distribuidor se podrán incluir, con carácter enunciativo y no limitativo, las aportaciones al desarrollo, la mejora, el mantenimiento, la protección y la explotación de cualquier intangible que sea en sí mismo único y valioso en el contexto de la operación elegible. Las secciones B.1 y B.2 del capítulo VI de estas Directrices ofrecen consideraciones adicionales acerca de la propiedad, las funciones, los activos y los riesgos relacionados con activos intangibles, junto con el marco del párrafo 6.34 aplicable en el análisis de operaciones relativas a activos intangibles. Además, en el párrafo 6.56 de estas Directrices se señalan algunos ejemplos de aportaciones que pueden ser importantes[21]. Las aportaciones únicas y valiosas de esta naturaleza se aplican igualmente para evaluar intangibles que el distribuidor haya generado internamente o haya adquirido.

[20] Véase el Glosario y los párrafos 2.126, 2.130 y 2.131 a 2.132. Este criterio se aplica, en concreto, a cualquier situación en la que las aportaciones del distribuidor a la operación elegible sean únicas y valiosas.

[21] A los efectos del enfoque simplificado y racionalizado, los ejemplos del párrafo 6.56 tienen carácter ilustrativo y cualquier conclusión acerca de que dichas aportaciones son únicas y valiosas debería basarse en la definición precisa de la operación elegible. De acuerdo con los ejemplos del párrafo 6.56, entre las aportaciones que pueden ser únicas y valiosas en el contexto de las operaciones elegibles se incluyen el diseño y el control de programas

21. Otras consideraciones que pueden ser relevantes para identificar las aportaciones únicas y valiosas en la definición precisa de la operación elegible se señalan en los párrafos 1.169 a 1.171 de las Directrices. Estos párrafos señalan que, en determinadas circunstancias, una licencia regulatoria necesaria para acceder a un mercado puede, por ejemplo, constituir un bien intangible cuyo valor, en el contexto de la operación concreta, dependerá de varios factores, como la facilidad para obtener la licencia y si esta logra limitar el número de competidores en el mercado. Para determinar la repercusión de las aportaciones efectuadas para la obtención de la licencia, hay que tener en cuenta las aportaciones del distribuidor y de otros miembros del grupo para proporcionar las capacidades necesarias a fin de obtener la licencia. Para evaluar estas funciones y si constituyen una aportación única y valiosa, ha de tenerse en cuenta y aplicarse el capítulo VI, sección B, incluido el párrafo 6.34.

3.3.2. Criterio del párrafo 13.b – Filtro cualitativo

22. Después de aplicar el criterio del ámbito de aplicación del párrafo 13.a, el criterio del párrafo 13.b actúa para excluir del ámbito de aplicación del enfoque simplificado y racionalizado, en base a filtros cuantitativos, operaciones elegibles.

23. Estos filtros cuantitativos proporcionan un mecanismo simplificado para determinar si la parte objeto de análisis está dentro del ámbito de aplicación, junto con los demás criterios de alcance[22]. El límite superior, por ejemplo, actúa como indicador para excluir del ámbito de aplicación las operaciones elegibles, pero en las que el coeficiente entre los gastos de explotación y las ventas podría indicar que se realizan funciones complementarias, lo que sugiere que, en la práctica, la fiabilidad del método para la determinación de los precios de transferencia de la sección 5 de estas directrices se habría visto reducida. En consecuencia, el filtro cuantitativo se aplica de forma que el método de determinación de los precios de transferencia de la sección 5 de estas directrices pueda aplicarse de forma fiable para fijar los precios de plena competencia en las operaciones elegibles.

Cálculo de los filtros cuantitativos en el párrafo 13.b

24. Puesto que el valor de los gastos de explotación y los ingresos netos varían a lo largo del tiempo, será inevitable que determinados distribuidores entren y salgan del ámbito de aplicación. A fin de que la habilitación para el ámbito de aplicación sea más coherente, el cálculo del coeficiente antes señalado debe basarse en la media ponderada de tres años. El coeficiente medio ponderado de tres

de comercialización, la orientación y determinación de prioridades en proyectos creativos relacionados con la comercialización de los productos distribuidos, el control sobre las decisiones estratégicas relativas a los programas de desarrollo de los activos intangibles de comercialización o la gestión y el control de presupuestos asociados. Otras aportaciones relevantes también pueden incluir decisiones importantes sobre la defensa y protección de los activos intangibles de comercialización, tales como las marcas y nombres comerciales, e importantes decisiones relativas al control de calidad continuo sobre las funciones desempeñadas por empresas independientes o asociadas que puedan repercutir significativamente en el valor del activo intangible de comercialización en cuestión.

[22] Los filtros de alcance cuantitativos se usan en el contexto del enfoque simplificado y racionalizado como medida de simplificación y no para determinar, con carácter definitivo, las funciones que desarrollan o para caracterizar a los distribuidores que quedan fuera de su ámbito de aplicación o en general. Cuando el distribuidor queda fuera del ámbito de aplicación, esto no debe entenderse como un reconocimiento implícito de que la operación vinculada tiene un precio de plena competencia determinado, con independencia de los criterios de alcance utilizados. A efectos aclaratorios, la determinación de los precios de plena competencia en tales circunstancias debería seguir los principios articulados en las restantes partes de estas Directrices. Los filtros cuantitativos aplicados para determinar si una operación elegible entra en el ámbito de aplicación del enfoque simplificado y racionalizado solo se utilizan para ese fin y no se reproducen, por ejemplo, en el método de determinación de los precios de transferencia utilizado para establecer los rendimientos de los distribuidores incluidos en el ámbito de aplicación.

años debe calcularse anualmente a los efectos de determinar si la operación elegible está dentro del ámbito de aplicación. Por ejemplo, para una operación elegible realizada en el ejercicio fiscal *x*, el coeficiente medio ponderado de los tres últimos años se obtiene (A) sumando los ingresos anuales por actividades minoristas de los años *x-3*, *x-2* y *x-1* y a continuación (B) sumando los ingresos netos anuales del mismo periodo y dividiendo (A) entre (B) para obtener el porcentaje pertinente[23] [24].Cuando la operación elegible se haya realizado durante dos años, se utilizará un coeficiente medio ponderado de dos años y cuando solo se haya realizado durante un año, el coeficiente se calculará teniendo en cuenta los resultados financieros de ese año.

3.3.3. Criterio del párrafo 14.a - Exclusión de bienes intangibles, servicios y productos básicos

Bienes intangibles y servicios

25. El enfoque simplificado y racionalizado se aplica a bienes tangibles y no incluye la distribución y comercialización de bienes intangibles y servicios. El enfoque simplificado y racionalizado se aplica a aquellas operaciones elegibles que impliquen la distribución de bienes tangibles respecto a los que existe una amplia coherencia en la cadena de suministro global y el análisis funcional.

Productos básicos

26. Se excluyen del ámbito de aplicación las operaciones elegibles que impliquen el intercambio, la comercialización o la distribución de productos básicos. En esta subsección se articula el alcance de la exención y se definen los correspondientes productos básicos, usando un principio general y enumerando algunos productos básicos concretos a modo de ejemplo.

27. El principio general es que la exclusión es de naturaleza amplia y que engloba operaciones que implican el intercambio, la comercialización o la distribución de productos de carácter básico, tengan o no precio de cotización, e incluye operaciones en las que el producto básico ha sido objeto de una transformación adecuada. En el marco del enfoque simplificado y racionalizado, pueden considerarse productos básicos:

a. Un producto físico renovable o no renovable que se obtiene principalmente de la corteza terrestre, la tierra o el agua. Estos productos físicos renovables o no

[23] Cuando un distribuidor lleva a cabo actividades que no son de distribución y, tras aplicar el criterio de alcance del párrafo 14.b, sigue estando dentro del ámbito de aplicación, los coeficientes referidos en el párrafo 13.b deberían calcularse en función de la pertinente asignación o reparto de los ingresos y los gastos de explotación a la actividad de distribución únicamente.

[24] Para calcular cada coeficiente, es importante determinar los gastos de explotación y los ingresos netos que se deben contabilizar. Esta determinación debe efectuarse con base en una definición precisa de la operación y aplicando los principios articulados en el capítulo II de estas Directrices. Los párrafos 2.99 y 2.100 de estas Directrices ofrecen información pertinente para determinar el tratamiento que debe darse a los gastos de explotación. Además, los párrafos 2.96 y 2.97 de estas Directrices ofrecen información pertinente para determinar el tratamiento que debe darse a los ingresos, las bonificaciones y los descuentos. El tratamiento que reciben los gastos repercutidos sin margen deberá evaluarse cuando se calcula el coeficiente. De acuerdo con la definición precisa de la operación, puede haber circunstancias en las que se los costes repercutidos sin margen no deberían tenerse en consideración para calcular el coeficiente. Dicha determinación debe hacerse a la luz de los principios generales articulados a lo largo de estas Directrices, así como de los hechos y circunstancias. Además, cabe advertir que la referencia a los párrafos 2.96, 2.97, 2.99 y 2.100 de estas Directrices no debe interpretarse como una modificación a las directrices existentes sobre los métodos más adecuados para evaluar la remuneración de plena competencia de los distribuidores.

renovables pueden encontrarse en estado sólido, líquido o gaseoso, así como adoptar diversas formas, como hidrocarburos, minerales, mineraloides y productos agrícolas.

b. Un producto físico renovable o no renovable que ha sido sometido a una transformación adecuada.

c. Un producto que esté en consonancia con la definición de producto básico del párrafo 2.18 de las Directrices.

28. La definición de hidrocarburo, mineral, mineraloide y producto agrícola es:

a. Un hidrocarburo es cualquier compuesto orgánico formado principalmente por moléculas de carbono e hidrógeno que se encuentra en estado sólido, líquido o gaseoso, produciéndose de forma natural en la tierra o sobre ella, así como en el lecho marino o el subsuelo, a través de un proceso geológico o sometido a él. Entre otros, comprende el petróleo crudo, las arenas bituminosas, los aceites pesados y el gas natural, que se producen en depósitos, reservas o yacimientos de petróleo y gas del subsuelo.

b. Un mineral es cualquier sustancia inorgánica que presente características cristalinas, en estado sólido, produciéndose de forma natural en la corteza terrestre y bajo el agua y se forma a través de un proceso geológico o sometido a él. Entre otros, comprende la arcilla, gemas, grava, metales, menas, rocas, arena, suelo, piedras, sal y cualquier sustancia de este tipo que se encuentre en un yacimiento mineral, depósito de minerales, reservas o escombrera.

c. Un mineraloide es cualquier sustancia que no presente características cristalinas, ya se encuentre en estado sólido, líquido o gaseoso, produciéndose de forma natural en la corteza terrestre y bajo el agua, a través de un proceso geológico o sometido a él. Entre otros, comprende el ámbar, el carbón, la obsidiana y los ópalos, así como cualquier sustancia de este tipo que se encuentre en un yacimiento mineral, un depósito de minerales, una reserva o una escombrera.

d. Un producto agrícola es cualquier producto primario, crudo o procesado, que se comercialice para el consumo. Entre otros, comprende los subproductos animales, como los lácteos o la fibra, el ganado, los cereales, el café, el té, la pesca, la silvicultura, las frutas y las hortalizas.

29. Por «transformación adecuada» se entiende la transformación realizada para unir, concentrar, aislar, purificar, refinar, mezclar, separar, criar, cosechar, producir o liberar un hidrocarburo, un mineral, un mineraloide o un producto agrícola. Comprende el procesamiento que se realiza para obtener todos los productos intermedios que se obtienen de los hidrocarburos, minerales, mineraloides o productos agrícolas, como los que figuran en la siguiente lista no exhaustiva de productos:

- gas natural licuado, gas licuado de petróleo y otros líquidos de gas natural, gasóleo, queroseno, gasolina e hidrógeno.
- óxidos metálicos, hidróxidos metálicos, ánodos, cátodos, metales fundidos, aluminio y aleaciones.
- ganado bovino, aves de corral, ganado porcino, ganado ovino, ganado caprino, trigo, leche en polvo, algodón, mazorcas, cebada, arroz, soja, cacao en polvo, maíz.

30. Para dar mayor claridad a la exclusión relativa a los productos básicos, se ofrece una lista no exhaustiva de ejemplos de productos básicos excluidos. Algunos de los ejemplos más habituales de

metales son: aluminio, cobre, níquel, hierro, estaño, oro, plomo, metales del grupo del platino, plata, manganeso, cobalto, molibdeno, carbonato/hidróxido de litio, ácido bórico, titanio, uranio y zinc, así como los óxidos metálicos y los hidróxidos metálicos. Algunos ejemplos de ánodos son los ánodos de cobre y grafito. Algunos ejemplos de cátodos son los cátodos de cobre, cobalto y níquel. Algunos de los ejemplos más habituales de productos derivados del petróleo y el gas son: petróleo crudo, arenas bituminosas, aceites pesados, gas natural, nafta, gas natural licuado, gas licuado de petróleo y otros líquidos de gas natural, gasóleo, queroseno, gasolina e hidrógeno. Algunos de los ejemplos más habituales de productos agrícolas son: ganado bovino, aves de corral, ganado porcino, ganado ovino, ganado caprino, mercaderías agrícolas, como trigo, algodón, mazorcas, avena, cebada, arroz, soja, cacao en polvo, azúcar, maíz, café y pesca, silvicultura, frutas y hortalizas.

31. Los productos enumerados suelen encontrase en la última etapa del proceso de producción y es posible que un grupo multinacional también pueda vender productos que se encuentren en una forma anterior a esta etapa, es decir, que sean productos intermedios. En la medida en que los productos intermedios satisfagan las definiciones anteriores, seguirían estando incluidos en la exclusión relativa a los productos básicos.

3.3.4. Criterio del párrafo 14.b – Actividades separadas de la operación elegible que no son de distribución

32. Hay distribuidores que realizan operaciones elegibles que, en ocasiones, llevan a cabo actividades que no son de distribución. Si la parte objeto de análisis realiza actividades distintas de la distribución, la operación elegible solo se mantendrá dentro del ámbito de aplicación cuando, en función de una definición precisa de la operación, pueda evaluarse de forma adecuada y separada de cualquier operación no relacionada con la distribución y se pueda fijar un precio fiable de forma separada de cualquier operación no relacionada con la distribución de acuerdo con los principios de los párrafos 3.9 a 3.12 de estas Directrices. En los párrafos 35 a 37, se proporcionan ejemplos de la aplicación de los párrafos 3.9 a 3.12 en el marco del enfoque simplificado y racionalizado.

33. Entre las actividades distintas de la distribución se incluyen la fabricación, la investigación y el desarrollo, el aprovisionamiento, la financiación o la distribución minorista que se realizan por encima del umbral *de minimis* referido en las Definiciones de estas directrices. Podrían utilizarse mediciones objetivas para determinar si el distribuidor realiza estas actividades. Por ejemplo,

- para la fabricación, la existencia de un inventario de fabricación (mano de obra directa y/o productos semielaborados) y/o la existencia de activos industriales (p. ej., edificios, instalaciones y maquinarias);
- para la investigación y el desarrollo, la realización de gastos de investigación y desarrollo, aunque sean reembolsados;
- para el aprovisionamiento, la existencia de un ingreso por comisión de aprovisionamiento;
- para financiación, la existencia de activos por préstamos en el balance de situación; y
- para el comercio minorista, el perfil comercial del distribuidor (por ejemplo, prueba de canales de venta del distribuidor y la magnitud de las ventas efectuadas a clientes particulares) o la propiedad o arrendamiento de locales comerciales.

34. Una parte objeto de análisis puede llevar a cabo una combinación de actividades de distribución y de no distribución para las que no establece precios diferenciados y, tratando esas actividades en la práctica como una operación integrada. Por ejemplo, un distribuidor de productos también puede prestar servicios diferenciados de la operación de distribución, pero cobrar un único precio por el suministro combinado de productos y servicios como operación integrada. Puesto que estas actividades diferenciadas (en este caso, la distribución y los servicios) no se efectúan por separado con partes vinculadas y no vinculadas y se valoran de acuerdo con el principio de plena

competencia, podría suceder que la actividad de distribución no se pudiera valorar de forma adecuada y separada ni se pueda fijar un precio fiable por separado, al no haber flujos de ingresos diferenciados para la operación integrada. En la siguiente subsección, se proporcionan ejemplos de situaciones en las que puede ser complicado efectuar una evaluación adecuada y una fijación de precios fiables por separado.

Ejemplos de situaciones en las que la evaluación de la operación de distribución de forma separada puede resultar inadecuada o en las que la fijación de precios por separado puede no ser fiable

35. En los párrafos 3.9 a 3.12 de estas Directrices se proporcionan ejemplos de operaciones que están tan estrechamente ligadas entre sí, o su continuidad está tan marcada, que no pueden evaluarse adecuadamente por separado. A continuación, se ofrecen algunos ejemplos aplicados al contexto del enfoque simplificado y racionalizado.

36. Supongamos que un distribuidor contribuye al desarrollo de patentes de fabricación para productos que no guardan relación con los productos distribuidos. La operación elegible se mantendrá dentro del ámbito de aplicación siempre que los ingresos, los costes directos e indirectos y los activos relacionados con el desarrollo de las patentes puedan diferenciarse de forma fiable, ya sean asignados o prorrateados, de la operación en cuestión de forma que los ingresos, los costes directos e indirectos o los activos restantes estén solo relacionados con la operación elegible de distribución.

37. Otro ejemplo en el que realizar una evaluación adecuada y fijación de precios fiables por separado resulta complicado es cuando un grupo de empresas multinacionales agrupa el suministro de bienes y servicios, pues puede resultar difícil disociar esas actividades y, en consecuencia, cuantificar los ingresos y los beneficios que se imputan a cada actividad. Un ejemplo de esta situación es cuando un distribuidor ofrece crédito al consumo (por ejemplo, ofrece condiciones de pago aplazado o financiación directamente relacionada con la venta de productos) junto con la venta de bienes tangibles. En estos casos, puede ser complicado separar los resultados financieros relacionados con la distribución de bienes tangibles de la financiación[25].

Directrices relativa a la asignación práctica de ingresos, costes, activos y pasivos a las actividades de distribución

38. Los párrafos 2.83, 2.84, 2.85, 2.86, 2.91 y 2.98 y las secciones B.2.2.2 y B.2.3 del capítulo VII establecen los principios generales relativos a la asignación de ingresos, costes, activos y pasivos en lo que respecta a la operación de distribución y otras operaciones. Una asignación de activos a los efectos de determinación del precio de la operación elegible debe seguir estas directrices y los principios subyacentes, aun cuando las directrices no mencionen de forma expresa los activos.

39. Las administraciones tributarias exigirán información diversa para evaluar la veracidad de la asignación o del reparto de los ingresos, costes, activos y pasivos y los contribuyentes deberán preparar dicha información de acuerdo con los requerimientos de documentación a que se refiere la

---

[25] Según la sección D.8, capítulo I, párrafo 1.179, de estas Directrices, pueden surgir sinergias en el grupo de empresas multinacionales en el contexto de operaciones vinculadas, para las que puede estar justificada una compensación de plena competencia específica. Es importante tener en cuenta estos principios en el enfoque simplificado y racionalizado. Por ejemplo, cuando un distribuidor contribuye a crear dichas sinergias en el grupo de empresas multinacionales, o cuando una actividad económica que no sea de distribución se lleve a cabo en la misma empresa multinacional a la del distribuidor genere aportaciones similares que beneficien al distribuidor, esto planteará dificultades a la hora de realizar una evaluación separada y adecuada de la operación elegible, por el hecho de que pueda ser necesario imputar una compensación en lo que respecta a la creación de la sinergia.

sección 6. En concreto, las administraciones tributarias pueden necesitar evaluar la información financiera interna, el organigrama de la entidad y la estructura de gestión de la entidad a lo largo de varios ejercicios. Además, las administraciones tributarias también pueden necesitar examinar si la asignación o el reparto de los ingresos, costes, activos y pasivos se ha efectuado de forma coherente.

4 Aplicación del principio del método más apropiado a las operaciones incluidas en el ámbito de aplicación

40. La selección de un método de determinación de precios debe aspirar siempre a optar por el método más apropiado en cada caso concreto. Sin embargo, cuando se evalúa la elección del método para las operaciones incluidas en el ámbito de aplicación, no es necesario demostrar que un método concreto *no* es adecuado dadas las circunstancias ni es necesario analizar, en profundidad, o probar, en cada caso, *todos* los métodos de determinación de precios de transferencia para seleccionar el método más apropiado[26].

41. Sobre la base de las características con relevancia económica de las operaciones incluidas en el ámbito de aplicación y la información disponible sobre operaciones no vinculadas comparables, se opta por el método del margen neto operacional como el más apropiado en el marco del enfoque simplificado y racionalizado.

42. Sin embargo, se admite que puede haber casos (aunque no sean habituales, pues la distribución de productos básicos se excluye del ámbito de aplicación) en los que la aplicación del método del precio libre comparable usando comparables internos podría ser potencialmente más apropiada para las operaciones incluidas en el ámbito de aplicación. En esos casos, respecto a las operaciones que están dentro del ámbito de aplicación del enfoque simplificado y racionalizado, se prevé una excepción que permite utilizar el método del precio libre comparable usando comparables internos para determinar un precio fiable para las operaciones incluidas en el ámbito de aplicación cuando ello sea conforme con la parte II B del capítulo II y A.4.2. del capítulo III de estas Directrices y tanto los comparables como cualquier información utilizada para decidir que la aplicación del método del precio libre comparable es más apropiada estén fácilmente disponibles para las administraciones tributarias y los contribuyentes.

[26] Véase los párrafos 2.2, 2.8 de estas Directrices.

5 Determinación del rendimiento de acuerdo con el enfoque simplificado y racionalizado

43. La metodología y las directrices referidas a lo largo de la sección 5, incluidos los elementos de diseño descritos en las secciones 5.1, 5.2 y 5.3 y los términos definidos con base en estos elementos, son específicos para la aplicación del enfoque simplificado y racionalizado. Como con todos los demás elementos del enfoque simplificado y racionalizado, ni la inclusión de un mecanismo de verificación de los gastos de explotación, ni el mecanismo de ajuste en ausencia de datos ni ninguna característica individual dentro de esos elementos de diseño debe interpretarse en el sentido de que debieran incluirse en la aplicación del método más apropiado determinado de conformidad con el resto de estas Directrices para cualquier operación.

5.1. Matriz de precios

44. La aplicación de los criterios de búsqueda de comparables, así como una selección adicional y una revisión manual para reflejar los criterios del ámbito de aplicación, llevó al desarrollo de una base de datos global de empresas que realizan actividades básicas de marketing y distribución. La información financiera derivada de esa base de datos global ha dado lugar, en parte, a la aproximación a los resultados de plena competencia, que se han traducido en una matriz de precios[27].

45. La aproximación a los resultados de plena competencia se ha presentado como segmentos de la matriz de acuerdo con los siguientes factores: intensidad de activos de explotación netos (OAS), intensidad de gastos de explotación (OES) y agrupaciones sectoriales.

46. En el marco del enfoque simplificado y racionalizado, el rendimiento sobre las ventas se ha aplicado como el indicador de beneficio neto a los efectos de establecer los resultados de las operaciones incluidas en el ámbito de aplicación.

[27] Para más información, véase apéndice A.

Cuadro 5.1. Matriz de precios (% de rendimiento sobre las ventas) derivada de la base de datos global

Agrupación sectorial	Agrupación sectorial 1	Agrupación sectorial 2	Agrupación sectorial 3
Intensidad del factor			
(A) OAS 45 % o más, cualquier nivel de OES	3,50 %	5,00 %	5,50 %
(B) OAS del 30 al 44,99 %, cualquier nivel de OES	3,00 %	3,75 %	4,50 %
(C) OAS del 15 al 29,99 %, cualquier nivel de OES	2,50 %	3,00 %	4,50 %
(D) OAS inferior al 15 %, OES 10 % o más	1,75 %	2,00 %	3,00 %
(E) OAS inferior al 15 %, OES inferior al 10 %	1,50 %	1,75 %	2,25 %

47. Para determinar el rendimiento de la parte objeto de análisis que interviene en operaciones que están dentro del ámbito de aplicación para un determinado ejercicio fiscal, una administración tributaria y el contribuyente interesado[28] aplicarán el siguiente proceso de tres pasos:

a. Paso 1: determinar la agrupación o agrupaciones sectoriales pertinentes de la parte objeto de análisis de entre las tres agrupaciones posibles (es decir, agrupación sectorial 1, 2, 3) e identificar las columnas verticales aplicables de rendimiento sobre las ventas en la matriz de precios que corresponda a dicha agrupación sectorial. En el caso de que los productos distribuidos pertenezcan a más de una agrupación sectorial, debe calcularse la proporción de las ventas que corresponde a cada una. En el caso de que al menos el 80 % de las ventas pertenezcan a una única agrupación sectorial y, por tanto, el 20 % de las ventas o menos se encuadre en otra u otras agrupaciones sectoriales, este último no será determinante para establecer el rendimiento de la matriz y, en su lugar, el rendimiento se establecerá únicamente en referencia a la celda de la matriz correspondiente para la agrupación sectorial que corresponda a la mayoría de las ventas. En caso de que más del 20 % de las ventas proceda de productos que se encuadren en una segunda o tercera agrupación sectorial, deberá calcularse un rendimiento medio ponderado.

b. Paso 2: determinar la clasificación de intensidad del factor de la parte objeto de análisis[29] de entre las cinco posibles clasificaciones (esto es, clasificación de intensidad del factor A, B, C, D y E) e identificar la fila aplicable de rendimiento de las ventas en la matriz de precios del cuadro 5.1 que corresponden a esa clasificación de intensidad del factor. La clasificación de intensidad del factor de

[28] En relación con las opciones de implementación esbozadas en el párrafo 7 de estas directrices, por «contribuyente interesado» se entiende: i) los contribuyentes que opten por aplicar el enfoque simplificado y racionalizado en una jurisdicción de residencia que permita dicha elección; y ii) los contribuyentes que, de otro modo, estén obligados a aplicar el enfoque simplificado y racionalizado en la jurisdicción de residencia.

[29] A los efectos de calcular los activos de explotación netos de la parte objeto de análisis para los años correspondientes y mitigar el riesgo de que las condiciones del crédito distorsionen la realidad, se aplica un límite de seguridad 90 días a las cuentas por pagar, de forma que el valor de los acreedores utilizado en los respectivos cálculos no supere el coste de las mercancías vendidas / 365 x 90. En el apéndice B, se incluye un ejemplo ilustrativo, el ejemplo 6, sobre la aplicación práctica del límite de los días de cuentas por pagar.

la parte objeto de análisis debe calcularse con base en una media ponderada de los tres ejercicios fiscales anteriores[30].

c. Paso 3: identificar el rango del segmento de la matriz de precios que corresponde a la intersección de la agrupación o agrupaciones sectoriales y la clasificación de intensidad del factor de la parte objeto de análisis. En caso necesario, el rendimiento medio ponderado se calcula multiplicando cada rendimiento de las celdas correspondientes de la matriz por la proporción de ventas a las que se les asignará el precio en función de dicha celda y totalizando estos rendimientos proporcionales para obtener un único tipo de rendimiento medio ponderado aplicable a todas las ventas de dicho distribuidor. De esta manera, la ponderación de las clasificaciones de intensidad del factor se basa solo en la proporción de ventas asignadas a cada agrupación sectorial y no requiere un cálculo que reconozca los activos y los gastos de explotación específicos de cada una de ellas.

48. El rendimiento obtenido de la aplicación del paso 3 de la sección 5.1 producirá un rango igual al porcentaje del rendimiento sobre las ventas[31] derivado de la matriz de precios (Cuadro 5.1) más o menos el 0,5 %. Cualquier punto dentro de ese intervalo aceptable puede servir para demostrar la conformidad con la sección 5.1 y servirá de base a cualquier ajuste posterior que pueda aplicarse de acuerdo con las secciones 5.2 y 5.3 siguientes.

49. A los efectos del enfoque simplificado y racionalizado, los contribuyentes interesados aplicarán y verificarán el resultado real de las operaciones incluidas en el ámbito de aplicación para demostrar que las condiciones de estas operaciones son coherentes con el enfoque simplificado y racionalizado, con un criterio temporal *a posteriori* (es decir, el criterio de verificación del resultado de plena competencia). Esta verificación se lleva a cabo normalmente como parte del proceso de elaboración de la declaración tributaria al final del ejercicio[32].

50. Al afirmar la aplicación del enfoque simplificado y racionalizado a las operaciones incluidas en el ámbito de aplicación, las administraciones tributarias han de tener presente la pauta del párrafo 3.60 de estas Directrices relativa a las operaciones vinculadas que se encuentran dentro del rango. Además, cuando el margen que declara un contribuyente está fuera del rango que resulta de la correspondiente aplicación del enfoque simplificado y racionalizado por parte de la administración tributaria, las administraciones tributarias deben utilizar el porcentaje del rendimiento sobre las ventas derivado de la matriz de precios (Cuadro 5.1) para ajustar el margen de la operación vinculada.

5.2. Mecanismo de verificación de los gastos de explotación

51. A los efectos del enfoque simplificado y racionalizado, se llevará a cabo una verificación de los gastos de explotación como mecanismo de limitación dentro del que se aplica el indicador primario del

[30] Cuando la operación elegible se haya realizado durante dos años, se utilizará un coeficiente medio ponderado de dos años y cuando solo se haya realizado durante un año, el coeficiente se calculará teniendo en cuenta los resultados financieros de ese año.

[31] En el supuesto de que más del 20 % de las ventas procedan de productos que no se correspondan con una única agrupación sectorial, el rendimiento que se obtiene en el paso 3 dará lugar a un rango igual al rendimiento medio ponderado definido de acuerdo con el párrafo 47 más o menos el 0,5 %.

[32] Véase el párrafo 3.70 de estas Directrices.

beneficio neto sobre las ventas. Cuando la aplicación del indicador de beneficio neto sobre las ventas genere un resultado que quede fuera del rango predefinido de gastos de explotación señalados en el cuadro 5.2, se ajustará el rendimiento de la parte objeto de análisis de conformidad con el párrafo 52(d).

Cuadro 5.2. Rango de los gastos de explotación

Intensidad del factor	Porcentajes máximos predeterminados	Porcentajes máximos alternativos para jurisdicciones que pueden acogerse al régimen	Tipo mínimo
Alto OAS (A)	70 %	80 %	10 %
Medio OAS (B+C)	60 %	70 %	
Bajo OAS (D+E)	40 %	45 %	

52. El mecanismo de verificación de los gastos de explotación se aplica a todas las operaciones incluidas en el ámbito de aplicación y requiere que la administración tributaria y el contribuyente interesados apliquen el siguiente proceso de cuatro pasos:

a. Paso 1: la administración tributaria y el contribuyente determinarán el rendimiento sobre las ventas de la parte objeto de análisis de acuerdo con las directrices de la sección 5.1 y calcularán un rendimiento equivalente sobre los gastos de explotación derivados de dicho rendimiento.

b. Paso 2: la administración tributaria y el contribuyente determinarán el rango predefinido de los gastos de explotación derivado del cuadro 5.2. El porcentaje máximo aplicable se determina en referencia a: (i) la clasificación de la intensidad del factor de la parte objeto de análisis[33] y (ii) si la parte objeto de análisis está sujeta a los porcentajes máximos predefinidos[34] o los porcentajes máximos alternativos[35] para las jurisdicciones que pueden acogerse al régimen a tenor de la sección 5.2.

c. Paso 3: la administración tributaria y el contribuyente compararán el rendimiento equivalente sobre los gastos de explotación de la parte objeto de análisis con el límite máximo y mínimo de los gastos de explotación determinados en el paso 2.

d. Paso 4: cuando el rendimiento equivalente sobre los gastos de explotación de la parte objeto de análisis calculado en el paso 1 se encuentre dentro del rango predefinido de gastos de explotación, no será necesario efectuar ningún otro ajuste en el rendimiento sobre las ventas calculado conforme a la sección 5.1. No obstante, cuando el rendimiento equivalente sobre los gastos de explotación de la parte objeto de análisis calculado en el paso 1 supere el límite máximo de los gastos de explotación, el rendimiento sobre las ventas de la parte objeto de

---

[33] Este debería corresponder a la clasificación de la intensidad del factor de la parte objeto de análisis determinada de conformidad con el párrafo 47(b) de la sección 5.1.

[34] Los porcentajes máximos predeterminados se aplican a efectos del paso 2 salvo que la parte objeto de análisis esté ubicada en una jurisdicción que pueda acogerse al régimen a tenor de la sección 5.2.

[35] Los porcentajes máximos alternativos se aplica a efectos del paso 2 cuando la parte objeto de análisis esté ubicada en una jurisdicción que pueda acogerse al régimen a tenor de la sección 5.2.

análisis se ajustará a la baja hasta que el rendimiento equivalente sobre los gastos de explotación sea igual al límite máximo establecido para ellos. Por el contrario, cuando el rendimiento equivalente sobre los gastos de explotación de la parte objeto de análisis no alcance el límite mínimo de los gastos de explotación, el rendimiento sobre las ventas de la parte objeto de análisis se ajustará al alza hasta que el rendimiento equivalente sobre los gastos de explotación sea igual al límite mínimo establecido para ellos.

5.3. Mecanismo de ajuste en ausencia de datos para las jurisdicciones que pueden acogerse al régimen

53. El mecanismo de ajuste en ausencia de datos pretende dar respuesta a aquellas situaciones en las que no existen datos o estos son insuficientes en la base de datos global en la jurisdicción de la parte objeto de análisis cuando dicha jurisdicción pueda acogerse al régimen de acuerdo con la sección 5.3[36].

54. Cuando la parte objeto de análisis está radicada en una jurisdicción que pueda acogerse al régimen, se efectuará un ajuste en el rendimiento inicialmente calculado de acuerdo con la sección 5.1 y la sección 5.2, cuando proceda. El contribuyente en la referida jurisdicción obtendrá un rendimiento ajustado de acuerdo con la siguiente fórmula:

$$\text{Rendimiento ajustado de las ventas} = ROS^{TP} + (NRA^{J} \times OAS^{TP})$$

Donde:

- ROS_{TP} es el porcentaje de rendimiento sobre las ventas de la parte objeto de análisis calculado de acuerdo con la sección 5.1 y la sección 5.2, cuando proceda.
- NRA^{J} es el porcentaje del ajuste de riesgo neto de la jurisdicción que puede acogerse al régimen derivado del cuadro 5.3 siguiente, donde la categoría aplicable se determina en función de la calificación soberana[37] de la jurisdicción que puede acogerse al régimen de la parte objeto de análisis aplicable al primer día del ejercicio fiscal correspondiente[38].
- OAS^{TP} es el porcentaje de intensidad de activos de explotación netos de la parte objeto de análisis para el ejercicio fiscal correspondiente, pero no superará el 85 % a efectos del cálculo del rendimiento ajustado sobre las ventas de la parte objeto de análisis.

[36] Véase el párrafo 1.167 de estas Directrices.

[37] Cuando, para una jurisdicción que puede acogerse al régimen, existan múltiples y diversas calificaciones soberanas efectuadas por agencias de calificación independientes reconocidas, la determinación del porcentaje de ajuste del riesgo neto del cuadro 5.3 deberá basarse en la calificación soberana de la referida jurisdicción que se haya publicado o reafirmado más cerca del primer día del ejercicio fiscal correspondiente.

[38] Cuando, para una jurisdicción que pueda acogerse al régimen, no existan calificaciones soberanas efectuadas por agencias de calificación independientes reconocidas, el porcentaje de ajuste del riesgo neto aplicable será igual al porcentaje de ajuste del riesgo neto para todos los grados de no inversión derivados del cuadro 5.3.

Cuadro 5.3. Porcentaje de ajuste del riesgo neto que debe aplicarse al OAS de la parte objeto de análisis en las jurisdicciones que pueden acogerse al régimen

Categoría de calificación soberana		Ajuste del riesgo neto %[39]
Grado de inversión	BBB+	0,0 %
	BBB	0,0 %
	BBB-	0,3 %
Grado de no inversión	BB+	0,7 %
	BB	1,2 %
	BB-	1,8 %
	B+	2,8 %
	B	3,8 %
	B-	4,9 %
	CCC+	5,9 %
	CCC	7,5 %
	CCC- (o inferior)	8,6 %

5.4. Actualizaciones periódicas

55. Para simplificar las cargas de cumplimiento asociadas a la gestión del enfoque simplificado y racionalizado, el análisis que respalda la determinación de los rangos mencionados en la sección 5.1 y los límites máximo y mínimo de los gastos de explotación a que se refiere la sección 5.2 se actualizarán cada cinco años salvo que se produzca un cambio significativo en las condiciones de mercado que justifique una actualización provisional.

56. Los datos financieros y otros datos a que se refieren las secciones 5.1 y 5.3 se revisarán con carácter anual y se actualizarán siempre que sea necesario.

[39] La metodología aplicada para calcular los porcentajes de ajuste del riesgo neto en este cuadro comprende la determinación del diferencial medio de impago de la deuda soberana a cinco años para cada grado de calificación crediticia (datos recopilados por Aswath Damodaran, NYU Stern School of Business) menos un ajuste de doble cómputo que trata de aproximarse al riesgo actual del país presente en el conjunto de datos global.

6 Documentación

57. En general, la documentación relativa a los precios de transferencia garantiza que las administraciones tributarias tengan acceso a la información necesaria para llevar a cabo procesos de evaluación de riesgos o comprobar las prácticas de precios de transferencia del contribuyente[40]. En el caso del enfoque simplificado y racionalizado, la documentación es importante para garantizar que las administraciones tributarias tengan información suficiente y fiable para evaluar si las operaciones elegibles satisfacen los criterios de alcance y si los contribuyentes han aplicado adecuadamente el enfoque simplificado a las operaciones incluidas en el ámbito de aplicación.

58. Esta sección identifica la información incluida en la documentación específica del contribuyente (*local file*) que puede ser útil para evaluar la posición del contribuyente relativa a la aplicación del enfoque simplificado y racionalizado y proporcionar a las administraciones tributarias información pertinente para su aplicación. Al considerar la introducción de requisitos de documentación específicos para el enfoque simplificado y racionalizado, las jurisdicciones pueden contemplar la posibilidad de simplificar dichos requisitos para las pequeñas y medianas empresas a fin de limitar sus costes y cargas de cumplimiento[41].

59. El enfoque de tres niveles de documentación de precios de transferencia que se describe en el capítulo V incluye la documentación específica del contribuyente (*local file*), que contiene información más detallada sobre operaciones intragrupo concretas del contribuyente. Los aspectos relativos a la documentación en el marco del enfoque simplificado y racionalizado se basan en la premisa de que el contenido actual de la documentación específica del contribuyente (véase el anexo II del capítulo V) incluye la información y los documentos que son pertinentes para analizar la posición del contribuyente.

60. La siguiente información puede incluirse en la documentación específica del contribuyente (*local file*) y puede ser particularmente oportuna y útil para las administraciones tributarias a la hora de evaluar si las operaciones elegibles realizadas por los contribuyentes satisfacen los criterios del ámbito de aplicación y, cuando el contribuyente ha aplicado el método para determinar los precios de transferencia, comprobar si lo ha hecho debidamente:

a. Una explicación de la delineación de la transacción elegible incluida en el ámbito de aplicación, incluido el análisis funcional del contribuyente y las empresas asociadas pertinentes en relación con las operaciones incluidas en el ámbito de aplicación, y del contexto en el que se llevan a cabo esas operaciones (por ejemplo, si existen otras relaciones comerciales o financieras entre la parte objeto de análisis o el contribuyente y otras empresas asociadas que puedan influir en la delineación precisa de la operación que potencialmente cumple las condiciones incluidas en el ámbito de aplicación).

[40] Véase los párrafos 5.5 y 5.6 de estas Directrices.

[41] Véase el párrafo 5.33 de estas Directrices.

b. Contratos o acuerdos celebrados por escrito que regulan la operación eligible y sirven de fundamento para la explicación de la delineación de la operación elegible incluida en el ámbito de aplicación a la que se refiere el punto a).

c. Cálculos que muestran la determinación de los ingresos, costes y activos pertinentes, asignados a la operación incluida en el ámbito de aplicación.

d. Información y tablas de asignación que muestren cómo pueden conciliarse los datos financieros utilizados para aplicar el enfoque simplificado y racionalizado y los métodos de precios de transferencia y los estados financieros anuales.

61. Respecto a la información a que se refiere el apartado 60(b), cuando sea coherente con los criterios del ámbito de aplicación y la conducta de las partes, la presentación de un contrato escrito facilitaría la administración del enfoque simplificado y racionalizado cuando el contribuyente desea aplicar el enfoque a una operación eligible. No obstante, con independencia de que exista un contrato escrito, las administraciones tributarias o los contribuyentes pueden hacer valer o rebatir el planteamiento basado en la definición precisa de la operación realizada de acuerdo con los principios articulados en el capítulo I de estas Directrices[42].

62. Es necesario contar con información financiera relativa a la parte objeto de análisis para saber si la operación elegible satisface los criterios de alcance, con independencia de si la parte objeto de análisis es nacional o extranjera[43]. En consecuencia, el contribuyente también deberá facilitar las cuentas financieras anuales de la parte objeto de análisis relativas a los ejercicios fiscales correspondientes.

63. Cuando entre la documentación relativa a los precios de transferencia no se incluya información importante para valorar la aplicación del enfoque simplificado y racionalizado, las administraciones podrán solicitar a los contribuyentes que la faciliten. Conviene destacar que facilitar esta información a las administraciones tributarias en el marco de los requisitos anuales en materia de precios de transferencia o cuando así estas lo soliciten puede traducirse en un menor número de peticiones complementarias de información y comprobaciones al contribuyente, así como en un uso más eficiente de los recursos de las administraciones tributarias.

64. Además de la información de la documentación específica del contribuyente, los contribuyentes y las administraciones tributarias deben aprovechar la información facilitada en la documentación específica del grupo (*master file*) para respaldar su posición con respecto a la aplicación del enfoque para la determinación de los precios de transferencia. En particular, la documentación específica del grupo puede facilitar información valiosa sobre el negocio del grupo de empresas multinacionales, como los productos y mercados geográficos principales, la política en materia de precios de transferencia o la estrategia general del grupo de empresas multinacionales relativa al desarrollo, propiedad y explotación de bienes intangibles. Como práctica correcta, a fin de evitar que los contribuyentes soporten una excesiva carga de cumplimiento, cuando se evalúe la aplicabilidad por determinados contribuyentes del enfoque simplificado y racionalizado a las operaciones elegibles, las administraciones tributarias deberían abstenerse de solicitar a los contribuyentes que elaboren o presenten información que ya se encuentre en su poder.

65. El hecho de que el contribuyente haya elaborado y presentado la información anterior a la administración tributaria no impide que esta analice si la autoliquidación del contribuyente cumple los criterios del ámbito de aplicación y si ha aplicado correctamente la metodología de precios de transferencia.

---

[42] Véase el párrafo 1.49 de estas Directrices.

[43] Véase el párrafo 3.22 de estas Directrices.

66. Por último, cuando el contribuyente pretende aplicar el enfoque simplificado y racionalizado por primera vez, debe incluir en su documentación específica (*local file*) o en cualquier otra documentación pertinente para la aplicación del enfoque, el consentimiento para aplicar el enfoque durante al menos tres años, salvo que, durante ese plazo, las operaciones dejen de estar incluidas en el ámbito de aplicación o que se produzcan modificaciones importantes en la actividad del contribuyente, y notificar dicha circunstancia a las autoridades fiscales de las jurisdicciones implicadas en la operación elegible. En el marco del procedimiento de primera notificación, las administraciones tributarias podrían exigir al contribuyente que facilite parte o toda la información enumerada en el párrafo 60. Además, las administraciones tributarias pueden solicitar a los contribuyentes que deseen aplicar el enfoque simplificado y racionalizado que aporten un contrato por escrito celebrado con anterioridad a la operación elegible. Esto no pretende modificar en modo alguno el papel que desempeña un contrato escrito en la delineación precisa de la operación, de acuerdo con la sección D.1 del capítulo I.

7 Cuestiones transitorias

67. Los grupos de empresas multinacionales pueden reorganizar sus modelos de negocio de distribución y, en consecuencia, realizar operaciones elegibles para entrar en el ámbito de aplicación del enfoque simplificado y racionalizado. Del mismo modo, puede haber grupos de empresas multinacionales con operaciones incluidas en el ámbito de aplicación que, tras la reestructuración de sus acuerdos de distribución, dejen de cumplir las condiciones para aplicar el enfoque simplificado y racionalizado.

68. Como se señala en el párrafo 9.34, las multinacionales son libres de organizar sus operaciones empresariales como estimen oportuno y las administraciones tributarias no tienen derecho a dictar a una multinacional el modo como debe diseñar su estructura o donde ubicar sus operaciones. Sin embargo, las administraciones tributarias tienen derecho a determinar las consecuencias tributarias derivadas de la reorganización. A este respecto, las directrices del capítulo IX son pertinentes tanto si el enfoque simplificado y racionalizado se aplica a las operaciones elegibles anteriores a la reestructuración o si se aplica a las posteriores.

69. Algunas empresas asociadas pueden intentar reorganizar artificialmente sus acuerdos a fin de obtener ventajas fiscales de la aplicación del enfoque simplificado y racionalizado. Estas situaciones pueden ser objeto de un mayor escrutinio por parte de las autoridades tributarias a fin de evitar que se use el enfoque para generar oportunidades de planificación fiscal y las jurisdicciones pueden adoptar enfoques específicos para abordar estas preocupaciones[44].

70. En algunos casos, podrá aplicarse el enfoque simplificado y racionalizado a un distribuidor que haya llevado a cabo una reestructuración con pérdidas incorporadas de ejercicios fiscales anteriores. El tratamiento fiscal de esas pérdidas, en particular, si están disponibles o pueden ser deducibles, depende de la legislación y los procedimientos administrativos internos de cada jurisdicción y no entra en el ámbito de estas directrices.

[44] Las reestructuraciones empresariales deben estar debidamente reflejadas en la documentación específica del grupo y del contribuyente. Véase los párrafos 9.32 y 9.33 de estas Directrices.

8 Seguridad jurídica en materia tributaria y eliminación de la doble imposición

71. Cuando una administración tributaria efectúa un ajuste primario que se traduce en una doble imposición de los beneficios derivados de la correspondiente operación elegible, un ajuste correlativo puede mitigar o eliminar la doble imposición mediante un ajuste a la baja de la obligación tributaria de la empresa asociada en la segunda jurisdicción fiscal. Algunas jurisdicciones pueden remediar la doble imposición económica mediante ajustes unilaterales correlativos recurriendo a las disposiciones de su legislación interna.[45]

72. Sin embargo, la mayoría de las jurisdicciones sólo van a poder considerar los ajustes correlativos como parte de un procedimiento amistoso[46].

73. Cuando una o más jurisdicciones relacionadas con el procedimiento amistoso no haya optado por aplicar o aceptar el enfoque simplificado y racionalizado, los contribuyentes, al instar el procedimiento amistoso, deben basar cualquier justificación de su decisión[47] únicamente en las restantes partes de estas Directrices[48]. En un procedimiento amistoso o en el procedimiento de arbitraje resultante, cuando una o más de las jurisdicciones relacionadas con el procedimiento amistoso no haya optado por aplicar o aceptar el enfoque simplificado y racionalizado, las autoridades competentes de ambas jurisdicciones involucradas en el procedimiento amistoso deberán justificar sus posiciones basándose únicamente en las restantes partes de estas Directrices. En concreto, en estos casos, las autoridades competentes no deben considerar o referirse al enfoque simplificado y racionalizado de conformidad con estas directrices

[45] Véase el comentario al artículo 25, apartado 12.

[46] Véase el párrafo 4.32 de estas Directrices.

[47] Esto se refiere en concreto a aquellas situaciones en las que el contribuyente debe presentar una posición a la autoridad competente cuando insta el procedimiento amistoso u opta por presentar dicha posición y no sugiere que el contribuyente esté obligado a presentar una posición para acceder a un procedimiento amistoso. Con otras palabras, un contribuyente que no justifique su posición únicamente en las restantes partes de las Directrices sigue teniendo acceso a un procedimiento amistoso.

[48] Si existe un acuerdo entre autoridades competentes que requiera la aplicación del enfoque simplificado y racionalizado, o si las jurisdicciones de ambas partes de la operación deciden aplicar el enfoque simplificado y racionalizado al caso en cuestión, entonces las autoridades competentes recurrirán al enfoque simplificado y racionalizado. En tales circunstancias, los contribuyentes también pueden recurrir a dicho enfoque. Si no existe el referido acuerdo entre autoridades competentes y si las autoridades competentes no han acordado de otro modo aplicar el enfoque simplificado y racionalizado en el caso en cuestión, entonces, en caso de que el contribuyente presente una posición, esta deberá basarse en el resto de estas Directrices.

como un enfoque que se considera que conduzca a un resultado aceptable[49]. Esto se aplica a los efectos del procedimiento amistoso, como base para una resolución del procedimiento amistoso, o por cualquiera de las partes (incluidos los árbitros), en el desarrollo de cualquier procedimiento de arbitraje[50].

74. Este principio general se ilustra a continuación, teniendo en cuenta dos fuentes potenciales de doble imposición. Estos escenarios no son exhaustivos, sino un intento de ilustrar el proceso mediante el que puede eliminarse esa doble imposición.

75. Una potencial fuente de doble imposición podría darse cuando el contribuyente ha aplicado el enfoque simplificado y racionalizado para determinar el precio de las operaciones incluidas en el ámbito de aplicación en una jurisdicción que ha optado por aplicar el enfoque y la jurisdicción de la contraparte lleva a cabo un ajuste primario con fundamento en las restantes partes de estas Directrices.

76. Para corregir cualquier doble imposición resultante, debe analizarse la solicitud de ajuste correlativo de acuerdo con el párrafo 2 del artículo 9. Puesto que el ajuste primario lo realiza la jurisdicción con base en las restantes partes de estas Directrices, esta solicitud se podría hacer a la jurisdicción en la que se aplica en enfoque simplificado y racionalizado[51]. En este caso, en la medida en que el ajuste primario pueda justificarse en las restantes partes de estas Directrices[52], la autoridad competente de la jurisdicción en la que se aplica el enfoque simplificado y racionalizado eliminará la doble imposición mediante el ajuste correlativo.

77. Si no se consigue eliminar la doble imposición de la forma señalada en el párrafo 2 del artículo 9[53], puede iniciarse un procedimiento amistoso. En estos casos, los contribuyentes que participan en el procedimiento amistoso deberán justificar su posición con base únicamente en las restantes partes de estas Directrices.

78. En tales situaciones, cuando una de las jurisdicciones que participan en el procedimiento amistoso es una jurisdicción que ha optado por no aplicar el enfoque simplificado y racionalizado, las autoridades competentes no deben considerar o referirse al enfoque simplificado y racionalizado de conformidad con estas directrices como un enfoque conducente a un resultado aceptable a los efectos del procedimiento amistoso o de cualquier procedimiento de arbitraje[54]. Esto se aplica a los efectos del procedimiento amistoso, como base para una resolución del procedimiento amistoso, o por cualquiera de las partes (incluidos los árbitros), en el desarrollo de cualquier procedimiento de arbitraje. En estas situaciones, la autoridad competente de la administración tributaria que inicialmente aplique o acepte la aplicación del enfoque simplificado y racionalizado deberá justificar su posición en el procedimiento amistoso y en cualquier procedimiento de arbitraje que se derive con base en las restantes partes de estas Directrices.

---

[49] Véase la nota a pie de página 54.

[50] Valga señalar que los mismos principios se aplican a los ajustes correlativos unilaterales a que se refiere el párrafo 71, que se contemplan en la legislación interna de las jurisdicciones en las que dichos procedimientos están legalmente permitidos, con fundamento en la legislación interna de dichas jurisdicciones.

[51] Dependiendo del convenio tributario aplicable, puede ser necesario que el contribuyente inste el procedimiento amistoso en su jurisdicción de residencia.

[52] Véase el párrafo 6 del comentario al artículo 9.2 del Modelo de Convenio Tributario.

[53] Considerando igualmente el mismo comentario del párrafo 6 del artículo 9.2 del Modelo de Convenio Tributario.

[54] Sin embargo, el resultado de aplicar el enfoque simplificado y racionalizado en algunos casos puede coincidir con el resultado de aplicar las restantes partes de estas Directrices.

79. Otra potencial fuente de doble imposición podría darse cuando el contribuyente ha aplicado el enfoque simplificado y racionalizado de acuerdo con la segunda opción referida en el párrafo 7 y la administración tributaria efectúa un ajuste primario a fin de garantizar que se tributa de acuerdo con el resultado de aplicar el enfoque simplificado y racionalizado. En estos casos, se puede solicitar, en el marco de un procedimiento amistoso, que la jurisdicción de la contraparte elimine la doble imposición. Las autoridades competentes deben tener en cuenta las directrices de los párrafos 4.117 y 4.131 de estas Directrices para eliminar la doble imposición. Cuando la jurisdicción de la contraparte no haya decidido aplicar el enfoque simplificado y racionalizado en un acuerdo entre autoridades competentes con la jurisdicción que efectúa el ajuste o aplicarlo específicamente para resolver la doble imposición en el caso en cuestión[55], la autoridad competente de la jurisdicción en la que se realizó el ajuste debe justificar su posición con base en las restantes partes de estas Directrices en cualquier procedimiento amistoso o de arbitraje derivado, teniendo en cuenta los principios generales articulados en el párrafo 72 anterior.

80. Con independencia de que se aplique o no el enfoque simplificado y racionalizado, una jurisdicción puede efectuar un ajuste correlativo que refleje el resultado del enfoque simplificado y racionalizado caso por caso si considera que este produce un resultado aceptable en un caso concreto[56]. Las jurisdicciones también pueden optar por celebrar acuerdos entre autoridades competentes con otras jurisdicciones a fin de realizar ajustes correlativos en función del resultado obtenido mediante la aplicación del enfoque simplificado y racionalizado. En un acuerdo de esta naturaleza, se recomienda que la jurisdicción que contemple efectuar el ajuste correlativo tenga capacidad para comprobar si la operación satisface las condiciones para aplicar el enfoque y si este se ha aplicado debidamente para determinar el importe del ajuste primario[57].

81. A efectos aclaratorios, respecto a cualquier acuerdo celebrado de conformidad con el artículo 25 del Modelo de Convenio Tributario (incluidos los acuerdos previos de valoración de precios de transferencia (APA) bilaterales o multilaterales, así como los procedimientos amistosos)[58] obtenidos antes de la aplicación del enfoque simplificado y racionalizado, las condiciones de los referidos acuerdos seguirían siendo válidas respecto a las operaciones elegibles cubiertas. Este enfoque respeta los acuerdos jurídicamente vinculantes, evita la inseguridad jurídica respecto a si los litigios ya resueltos entre las autoridades competentes pueden ser objeto de revisión y una nueva evaluación y aumenta la previsibilidad para los contribuyentes.

[55] Véase el párrafo 79.

[56] Si las jurisdicciones de ambas partes deciden aplicar el enfoque simplificado y racionalizado, cabe esperar que estas jurisdicciones acepten el resultado obtenido de aplicar el enfoque simplificado y racionalizado a las operaciones incluidas en su ámbito de aplicación y lleven a cabo los ajustes correlativos recíprocos o acepten el resultado derivado de un procedimiento amistoso.

[57] Véanse las directrices de los párrafos 5 y 6 del comentario al artículo 9 y sección C.2 del capítulo IV de estas Directrices.

[58] En el supuesto de los APV unilaterales alcanzados antes de la adopción del enfoque simplificado y racionalizado, este enfoque respeta los acuerdos jurídicamente vinculantes entre las jurisdicciones y los contribuyentes, pero reconoce que podrían producirse cambios en el referido APV en un procedimiento amistoso bilateral. Véase el párrafo 4.140 de estas Directrices y, en general, la sección F del capítulo IV de estas Directrices.

Apéndice A: Criterios de búsqueda de estudios de comparables

En este apéndice se describen los criterios de búsqueda de estudios de comparables pertinentes aplicados para identificar a las empresas que participan en actividades básicas de comercialización y distribución y en los que se basó para establecer la base de datos global que, en parte, constituye la base para la aproximación a los resultados de plena competencia con arreglo al enfoque simplificado y racionalizado.

Filtros aplicados

En la investigación inicial para definir los criterios de búsqueda de los estudios de comparables pertinentes se utilizó la base de datos BvD Orbis de Moody[59] y, en un primer momento, sólo se tuvieron en cuenta los siguientes criterios.

1. Sociedades activas.
2. Sociedades con códigos primarios NACE 45 (Venta y reparación de vehículos de motor y motocicletas) y 46 (Comercio al por mayor e intermediarios del comercio, excepto de vehículos de motor y motocicletas)[60].
3. Las sociedades con las cuentas consolidadas o no consolidadas solo cuando se sepa que la empresa posee menos del 50 % de alguna filial.
4. Sociedades sin accionistas que posean más del 50 % de las acciones de la sociedad.
5. Sociedades con datos de ingresos de explotación y EBIT disponibles relativos a 2017, 2018 y 2019.
6. Sociedades con unos ingresos de explotación medios de al menos 2 millones de euros durante 5 años (2015-2019).
7. Sociedades con dirección web.
8. Sociedades cuya información general está disponible en la base de datos.
9. Excluidas las sociedades cuando el coeficiente entre la investigación y desarrollo y las ventas sea superior al 3%[61].

[59] Las licencias de bases de datos restringen el uso y la difusión de datos e información sobre la empresa pormenorizados.

[60] Teniendo en cuenta las sucesivas mejoras efectuadas gracias a la revisión cualitativa que se esboza en la sección siguiente.

[61] Primero se utilizan criterios de búsqueda en la base de datos, después se perfecciona rechazando manualmente las sociedades que desarrollan actividades de investigación y desarrollo de acuerdo con la descripción que efectúan de sus actividades y, posteriormente, se realiza el filtrado cuantitativo, que se describe a continuación.

Revisión manual de las descripciones de las sociedades

Tras el filtrado antes descrito, se llevó a cabo una revisión manual de las sociedades.

La finalidad de esta revisión era excluir de la base de datos final a todas las empresas que realizaran más actividades que las básicas de comercialización y distribución mayorista, en función de los criterios de alcance señalados en la sección 2.

En primer lugar, se efectuaron búsquedas por palabras clave para rechazar a empresas y, a continuación, se revisaron manualmente las empresas de la base de datos utilizando tan solo la información descriptiva de su actividad empresarial que figura en la base de datos Orbis.

Esta revisión comprende:

- El rechazo de empresas que incluyan los siguientes términos (*) en su descripción empresarial:
    - "design and manufactur",
    - "financ",
    - "insurance",
    - "manufacture ",
    - "research", "software d" y "system integrat".

(*) Estos términos no han sido traducidos al español, a fin de reflejar de manera exacta los criterios de búsqueda introducidos en la base de datos BvD Orbis de Moody para la búsqueda de comparables.

- El rechazo de todas las sociedades que no describen la distribución mayorista como su actividad principal.
- El rechazo de las sociedades que describen cualquier actividad de fabricación, o niveles más que minoritarios o auxiliares de actividades adicionales, tales como comercio minorista, reparaciones y mantenimiento y otros servicios.

Revisión cuantitativa de los datos de empresas

Se rechazaron las sociedades que declararon una media ponderada de los últimos cinco años de inmovilizado inmaterial sobre ventas superior al 1 %.

De las sociedades que declararon una cifra de gastos en investigación y desarrollo, se rechazaron aquellas que declararon una media ponderada de los últimos cinco años de I+D sobre ventas superior al 0 %.

Se rechazaron las sociedades que declararon pérdidas en 3, 4 o 5 de los cinco años considerados en este análisis por tratarse de generadoras de pérdidas persistentes.

Aplicación de la exención de productos básicos

Las sociedades que se mantienen en la base de datos han sido sometidas a más controles cualitativos de alto nivel de la información que aparece sobre la empresa en su web e internet a fin de identificar los productos que se distribuyen. Cuando una sociedad distribuye productos que se ajustan a la definición de producto básico de estas directrices, dicha empresa se excluye de la base de datos de acuerdo con la exención del alcance para los productos básicos.

Apéndice B: Ejemplos ilustrativos

Las hipótesis que se utilizan en los siguientes ejemplos numéricos tienen un carácter meramente ilustrativo, por lo que no debe considerarse que obliguen a la realización de ajustes ni a la imposición de acuerdos de plena competencia en situaciones concretas o sectores de actividad en particular.

Si bien estos ejemplos pretenden ilustrar la interacción de los distintos elementos de la metodología de precios de transferencia referida en la sección 5, el enfoque simplificado y racionalizado debe aplicarse en cada caso de acuerdo con los hechos y circunstancias concretos.

En los ejemplos ilustrativos se utiliza el punto medio para el ajuste de la sección 5.1, pero cualquier punto que esté dentro de un rango igual al porcentaje de rendimiento sobre las ventas derivado de la matriz de precios (cuadro 5.1) más o menos un 0,5 % puede servir para demostrar el cumplimiento de la sección 5.1.

1. Los siguientes ocho ejemplos ilustran cómo calcular el rendimiento sobre las ventas de una parte objeto de análisis en el ámbito del enfoque simplificado y racionalizado. Se presume que las jurisdicciones de los ejemplos han aplicado el enfoque simplificado y racionalizado y que la parte objeto de análisis cumple los criterios de alcance y no le son aplicables exclusiones. Las partidas del balance en los ejemplos se calculan en términos medios de acuerdo con lo que se señala en la nota a pie de página 4 de estas directrices.

Ejemplo 1: Situación fáctica básica con el grupo sectorial 1 y la clasificación de intensidad de factor [C]

2. Se presume que el GRUPO AB es un grupo de empresas multinacionales que fabrica y distribuye consumibles domésticos. La sociedad A es la sociedad matriz del grupo, residente en el país A. La sociedad B es una filial del GRUPO AB residente en el país B que realiza actividades de distribución al por mayor en el país B.

3. La sociedad A vende consumibles domésticos a la sociedad B, que a su vez vende los productos, sin mayores modificaciones, a minoristas independientes en el país B. Salvo que se indique otra cosa en los ejemplos, el país B no es una jurisdicción que pueda acogerse al régimen en el sentido de las secciones 5.2 y 5.3.

4. Se presume que la sociedad B presenta las siguientes cifras (antes de calcular el rendimiento de acuerdo con el enfoque simplificado y racionalizado):

a) Pérdidas y ganancias de la sociedad B desde el año X-3 hasta el año X

		Año *X-3*	Año *X-2*	Año *X-1*	Año X
(a)	Ventas	199	195	205	200
(b)	Costes de los bienes vendidos (COGS)	(145)	(142)	(154)	(144)
(c)= (a) + (b)	Beneficio bruto	54	53	51	56
(d)	Gastos de explotación	(50)	(47)	(46)	(49)
(e)= (c) +(d)	Resultado neto de explotación (EBIT)	4	6	5	7
(f) = (e) / (a)	***Rendimiento sobre ventas (%)***	***2,01 %***	***3,08 %***	***2,44 %***	***3,50 %***
(g) = (e) / (d)	***Rendimiento sobre los gastos de explotación***	***8,00 %***	***12,77 %***	***10,87 %***	***14,29 %***

b) Partidas del balance de la sociedad B calculadas en valores medios para el año X-3 hasta el año X-1

	Año X-3	Año X-2	Año X-1	Año X
Activos:				
Activos fijos	50	42	40	
Deudores	30	22	26	
Existencias	25	18	25	
Pasivo:				
Acreedores	33	34	36	

5. Para calcular el rendimiento de la sociedad B en el año X de acuerdo con el enfoque simplificado y racionalizado, han de seguirse los siguientes pasos:

Paso 1: Determinar la agrupación sectorial correspondiente de la parte objeto de análisis.

La sociedad B se encuentra en el grupo 1 de las agrupaciones sectoriales referidas en la sección dedicada a las definiciones de estas directrices.

Paso 2: Determinar la clasificación de intensidad del factor.

- Como se ejemplifica en los cuadros siguientes, la intensidad de activos de explotación netos de la sociedad B calculado con base en una media ponderada de los tres años anteriores (desde el año X-3 al año X-1) es el 29,22 % y la intensidad de gastos de explotación para el mismo periodo es del 23,87 %. Por consiguiente, de acuerdo con la matriz de precios de la sección 5.1, la clasificación de intensidad del factor de la sociedad B es [C].
- El límite de seguridad de 90 días de las cuentas por pagar de acuerdo con las notas a pie de página 5 y 29 de estas directrices no se aplica según lo calculado en c).

c) Cálculo del límite de seguridad de las cuentas por pagar

		Año *X-3*	Año *X-2*	Año *X-1*	Año X
(a)	Acreedores	33	34	36	
(b)	COGS	145	142	154	
(c)= (a) / (b)	Ratio acreedores sobre COGS	0,23	0,24	0,23	
(d)= (c) x 365	***Días cuentas por pagar***	***83,07***	***87,39***	***85,32***	
(e)	Cumple el umbral de 90 días	***Sí***	***Sí***	***Sí***	

d) Cálculo del capital circulante desde el año X-3 hasta el año X-1

		Año *X-3*	Año *X-2*	Año *X-1*	Año X
(a)	Existencias	25	18	25	
(b)	Deudores	30	22	26	
(c)	Acreedores	33	34	36	
(d)=(a)+(b)-(c)	Capital circulante	22	6	15	

e) Cálculo de la intensidad de activos de explotación netos (OAS)

Activos de explotación netos

		Año *X-3*	Año *X-2*	Año *X-1*	Año X
(a)	Activos fijos	50	42	40	
(b)	Capital circulante	22	6	15	
(c)=(a)+(b)	Activos de explotación netos	72	48	55	

Intensidad de activos de explotación netos (OAS)

		Año *X-3*	Año *X-2*	Año *X-1*	Media ponderada de 3 años
(a)	Ventas	199	195	205	599
(b)	Activos de explotación netos	72	48	55	175
(c)= (b)/ (a)	OAS%				29,22%

f) Cálculo de la intensidad de gastos de explotación netos (OES)

		Año *X-3*	Año *X-2*	Año *X-1*	Media ponderada de 3 años
(a)	Ventas	199	195	205	599
(b)	Gastos de explotación	50	47	46	143
(c)= (b)/ (a)	OES%				23,87%

Paso 3: Identificar y aplicar el rango del segmento correspondiente de la matriz.

De acuerdo con la matriz de precios de la sección 5.1, el rendimiento de la sociedad B en el año X debería ser 2,5 % (+/- 0,5 %).

Paso 4: Aplicar el mecanismo de verificación de los gastos de explotación de la sección 5.2.

El mecanismo de verificación de los gastos de explotación que se describe en la sección 5.2 no se aplica porque el resultado del rendimiento equivalente sobre los gastos de explotación (10,20 %) se encuentra dentro del rango definido para los gastos de explotación (10-60 %).

Paso 5: Aplicar el mecanismo de ajuste en ausencia de datos de la sección 5.3.

El mecanismo de ajuste por ausencia de datos descrito en la sección 5.3 no se aplica porque el país B no es una jurisdicción que pueda acogerse al régimen.

6. En el cuadro siguiente, se ejemplifica el cálculo del margen de explotación de la parte objeto de análisis de acuerdo con el enfoque simplificado y racionalizado.

Año X			
		Pérdidas y ganancias *(antes del cálculo de la sección 5)*	Pérdidas y ganancias *(después del cálculo de la sección 5)*
(a)	Ventas	200	200
(b)	Coste de los bienes vendidos	(144)	(146)
(c)= (a) + (b)	Beneficio bruto	56	54
(d)	Gastos de explotación	(49)	(49)

(e)= (c) + (d)	Resultado neto de explotación (EBIT)	7	5
(f)= (e) / (a)	***Rendimiento sobre las ventas (%)***	***3,5 %***	
(g)= (e) / (d)	***Rendimiento sobre los gastos de explotación***	***14,29 %***	
(h)	***ROS% de acuerdo con sección 5.1***		***2,5 %***
(i)= (a) x (h)	***EBIT de acuerdo con sección 5.1***		***5***
(j)= (i) / (d)	***Rendimiento equivalente sobre los gastos de explotación***		***10,20 %***

Ejemplo 2: Situación fáctica básica con el grupo sectorial 3 y la clasificación de intensidad de factor [D]

7. Los hechos son los mismos del ejemplo 1 con excepción de que las cifras relativas a las pérdidas y ganancias y las partidas del balance calculadas según valores medios de la sociedad B desde el año X-3 hasta el año X han cambiado como se refleja a continuación y el grupo de empresas multinacionales produce y vende equipos médicos.

a) Pérdidas y ganancias de la sociedad B desde el año X-3 hasta el año X

		Año *X-3*	Año *X-2*	Año *X-1*	Año X
(a)	Ventas	199	195	205	200
(b)	Costes de los bienes vendidos (COGS)	(156)	(163)	(164)	(156)
(c)= (a) + (b)	Beneficio bruto	43	32	41	44
(d)	Gastos de explotación	(37)	(26)	(33)	(36)
(e)= (c) + (d)	Resultado neto de explotación (EBIT)	6	6	8	8
(f) = (e) / (a)	***Rendimiento sobre las ventas (%)***	***3,02 %***	***3,08 %***	***3,90 %***	***4,00 %***
(g) = (e) / (d)	***Rendimiento sobre los gastos de explotación***	***16,22 %***	***23,08 %***	***24,24 %***	***22,22 %***

b) Partidas del balance de la sociedad B calculadas en valores medios para el año X-3 hasta el año X-1

	Año *X-3*	Año *X-2*	Año *X-1*	Año X
Activos:				
Activos fijos	26	28	22	
Deudores	15	18	22	
Existencias	20	16	20	
Pasivo:				
Acreedores	33	36	35	

8. Para calcular el rendimiento de la sociedad B en el año X de acuerdo con el enfoque simplificado y racionalizado, han de seguirse los siguientes pasos:

Paso 1 y 2: la sociedad B se encuentra en el grupo 3 de las agrupaciones sectoriales y la clasificación de intensidad del factor de la sociedad B es [D], como se refleja en el cuadro c). El límite de seguridad de 90 días de las cuentas por pagar de acuerdo con las notas a pie de página 5 y 29 de estas directrices no se aplica.

c) Capital circulante, activos de explotación netos, OAS% y OES%

	Año *X-3*	Año *X-2*	Año *X-1*	Media ponderada de 3 años
Capital circulante	2	(2)	7	-
Activos de explotación netos	28	26	29	-
OAS%	-	-	-	13,86 %

OES%	-	-	-	16,03 %

Pasos 3 a 5: de acuerdo con la matriz de precios de la sección 5.1, el rendimiento de la sociedad B en el año X debería ser 3 % (+/- 0,5 %). El mecanismo de verificación de los gastos de explotación que se describe en la sección 5.2 no se aplica porque el resultado del rendimiento equivalente de los gastos de explotación (16,67 %) se encuentra dentro del rango definido (10-40%) y el mecanismo de ajuste en ausencia de datos descrito en la sección 5.3 no se aplica porque el país B no es una jurisdicción que pueda acogerse al régimen.

9. En el cuadro siguiente, se ejemplifica el cálculo del margen de explotación de la parte objeto de análisis de acuerdo con el enfoque simplificado y racionalizado.

Año X			
		Pérdidas y ganancias *(antes del cálculo de la sección 5)*	**Pérdidas y ganancias *(después del cálculo de la sección 5)***
(a)	Ventas	200	200
(b)	Coste de los bienes vendidos	(156)	(158)
(c)= (a) + (b)	Beneficio bruto	44	42,00
(d)	Gastos de explotación	(36)	(36)
(e)= (c) + (d)	Resultado neto de explotación (EBIT)	8	6
(f)= (e) / (a)	***Rendimiento sobre las ventas (%)***	***4,00 %***	
(g)= (e) / (d)	***Rendimiento sobre los gastos de explotación***	***22,22 %***	
(h)	***ROS% de acuerdo con sección 5.1***		***3,00 %***
(i)= (a) x (h)	***EBIT de acuerdo con sección 5.1***		***6,00***
(j)= (i) / (d)	***Rendimiento equivalente sobre los gastos de explotación***		***16,67 %***

Ejemplo 3: Aplicación del mecanismo de ajuste en ausencia de datos para las jurisdicciones que pueden acogerse al régimen

10. Los hechos son los mismos del ejemplo 2 con excepción de que el país B es una jurisdicción que puede acogerse al régimen en el sentido de las secciones 5.2 (mecanismo de verificación de los gastos de explotación) y 5.3 (mecanismo de ajuste en ausencia de datos) y su calificación soberana para el ejercicio fiscal en cuestión es BB-.

11. Como en el ejemplo 2, el mecanismo de verificación de los gastos de explotación descrita en la sección 5.2 no se aplica porque el resultado del rendimiento equivalente sobre los gastos de explotación (16,67 %) se encuentra dentro del rango definido para los gastos de explotación (10-45 %).

12. De conformidad con el mecanismo de ajuste en ausencia de datos, la sociedad B obtendrá un rendimiento ajustado de acuerdo con la siguiente fórmula:

$$\text{Rendimiento ajustado de las ventas} = ROS^{TP} + (NRA^{J} \times OAS^{TP})$$

13. ROS^{TP} es el 3 % (el porcentaje de rendimiento de las ventas de la parte objeto de análisis calculado de acuerdo con la sección 5.1 y la sección 5.2, cuando proceda), NRA^{J} es el 1,8 % (el porcentaje del ajuste de riesgo neto de una jurisdicción cuya calificación soberana es BB-) y OAS^{TP} es el 13,86 %[62] (el porcentaje de la intensidad de activos de explotación netos de la sociedad B calculado con base en

[62] No se supera el límite de seguridad de los activos de explotación netos del 85 % al que se refiere la sección 5.3.

una media ponderada de los años X-3 a X-1). El cuadro siguiente refleja el rendimiento ajustado de las ventas de la sociedad B tras la aplicación del mecanismo de ajuste en ausencia de datos.

	Año X	
(a)	ROS% de acuerdo con sección 5.1	3%
(b)	Ajuste del riesgo neto %	1,80 %
(c)	OAS%	13,86 %
(d)= (a) + ((b) x (c))	**ROS% ajustado de acuerdo con sección 5.3**	**3,25 %**

Ejemplo 4: Se aplica el límite del mecanismo de verificación de los gastos de explotación

14. Los hechos son los mismos del ejemplo 2 con excepción de que las cifras relativas a las pérdidas y ganancias desde el año X-3 hasta el año X y las partidas del balance calculadas según valores medios de la sociedad B desde el año X-3 hasta el año X-1 han cambiado como se refleja a continuación y el grupo de empresas multinacionales produce y vende productos electrónicos de consumo.

a) Pérdidas y ganancias de la sociedad B desde el año X-3 hasta el año X

		Año *X-3*	Año *X-2*	Año *X-1*	Año X
(a)	Ventas	199	195	205	200
(b)	Costes de los bienes vendidos (COGS)	(181)	(178)	(187)	(182)
(c)= (a) + (b)	Beneficio bruto	18	17	18	18
(d)	Gastos de explotación	(11)	(11)	(11)	(10)
(e)= (c) +(d)	Resultado neto de explotación (EBIT)	7	6	7	8
(f) = (e) / (a)	***Rendimiento sobre las ventas (%)***	***3,52 %***	***3,08 %***	***3,41 %***	***4,00 %***
(g) = (e) / (d)	***Rendimiento sobre los gastos de explotación***	***63,64 %***	***54,55 %***	***63,64 %***	***80,00 %***

b) Partidas del balance de la sociedad B calculadas en valores medios para el año X-3 hasta el año X-1

	Año *X-3*	Año *X-2*	Año *X-1*	Año X
Activos:				
Activos fijos	48	42	45	
Deudores	31	37	33	
Existencias	20	16	20	
Pasivo:				
Acreedores	33	36	35	

15. Para calcular el rendimiento de la sociedad B en el año X de acuerdo con el enfoque simplificado y racionalizado, han de seguirse los siguientes pasos:

Paso 1 y 2: la sociedad B se encuentra en el grupo 2 de las agrupaciones sectoriales y la clasificación de intensidad de factor de la sociedad B es [B], como se refleja en el cuadro c). El límite de seguridad de 90 días de las cuentas por pagar de acuerdo con las notas a pie de página 5 y 29 de estas directrices no se aplica.

c) Capital circulante, activos de explotación netos, OAS% y OES%

	Año *X-3*	Año *X-2*	Año *X-1*	Media ponderada de 3 años
Capital circulante	18	17	18	-
Activos de explotación netos	66	59	63	-
OAS%	-	-	-	31,39 %
OES%	-	-	-	5,51 %

Paso 3: de acuerdo con la matriz de precios de la sección 5.1, el rendimiento de la sociedad B en el año X debería ser 3,75 % (+/- 0,5 %).

Paso 4: el mecanismo de verificación de los gastos de explotación que se describe en la sección 5.2 se aplica porque el resultado del rendimiento equivalente sobre los gastos de explotación (75,00 %) supera el rango definido para los gastos de explotación (10-60 %). Dado que el rendimiento equivalente sobre los gastos de explotación supera el rango, el rendimiento de las ventas de la sociedad B se ajustará a la baja hasta que el rendimiento equivalente sobre los gastos de explotación sea igual al límite máximo establecido para ellos. El rendimiento de las ventas tras efectuar el ajuste es del 3,00 %.

Paso 5: el mecanismo de ajuste por ausencia de datos del mecanismo descrito en la sección 5.3 no se aplica porque el país B no es una jurisdicción que pueda acogerse al régimen.

16. En el cuadro siguiente, se ejemplifica el cálculo del margen de explotación de la parte objeto de análisis de acuerdo con el enfoque simplificado y racionalizado.

		Año X		
		Pérdidas y ganancias *(antes del cálculo de la sección 5)*	**Pérdidas y ganancias *(después del cálculo de la sección 5.1)***	**Pérdidas y ganancias *(después del cálculo de la sección 5.2)***
(a)	Ventas	200	200	200
(b)	Coste de los bienes vendidos	(182)	(182,5)	(184)
(c)= (a) + (b)	Beneficio bruto	18	17,5	16
(d)	Gastos de explotación	(10)	(10)	(10)
(e)= (c) + (d)	Resultado neto de explotación (EBIT)	8	7,5	6
(f)= (e) / (a)	**Rendimiento sobre las ventas (%)**	**4,00 %**		
(8)= (e) / (d)	**Rendimiento sobre los gastos de explotación**	**80,00 %**		
(h)	**ROS% de acuerdo con sección 5.1**		**3,75 %**	
(i)= (a) x (h)	**EBIT de acuerdo con sección 5.1**		**7,5**	
(j)= (i) / (d)	**Rendimiento equivalente sobre gastos de explotación**		**75,00 %**	
(k)= (d) x 60%	**EBIT ajustado de acuerdo con la sección 5.2**			**6**
(l)= (k) / (a)	**Rendimiento sobre las ventas ajustado (%) de acuerdo con la sección 5.2**			**3,00 %**

Ejemplo 5: Aplicación del mecanismo de verificación de los gastos de explotación y del mecanismo de ajuste en ausencia de datos

17. Los hechos son los mismos del ejemplo 4 con excepción de que el país B es una jurisdicción que puede acogerse al régimen en el sentido de las secciones 5.2 (mecanismo de verificación de los gastos de explotación) y 5.3 (mecanismo de ajuste en ausencia de datos) y su calificación soberana para el ejercicio fiscal en cuestión es B-.

18. Como en el ejemplo 4, el mecanismo de verificación de los gastos de explotación descrita en la sección 5.2 se aplica porque el resultado del rendimiento equivalente sobre los gastos de explotación (75,00 %) supera el rango definido para los gastos de explotación (10-70 %). Dado que el rendimiento equivalente sobre los gastos de explotación supera el rango, el rendimiento de las ventas de la sociedad

B se ajustará a la baja hasta que el rendimiento equivalente sobre los gastos de explotación sea igual al límite máximo establecido para ellos. El rendimiento de las ventas tras efectuar el ajuste es del 3,50%.

19. De conformidad con el mecanismo de ajuste en ausencia de datos, la sociedad B obtendrá un rendimiento ajustado de acuerdo con la siguiente fórmula:

$$\text{Rendimiento ajustado de las ventas} = ROS^{TP} + (NRA^{J} \times OAS^{TP})$$

20. ROS^{TP} es el 3,50 % (el rendimiento de las ventas tras efectuar el ajuste de acuerdo con la sección 5.2), NRA^{J} es el 4,9 % (el porcentaje del ajuste de riesgo neto de una jurisdicción cuya calificación soberana es B-) y OAS^{TP} es el 31,39 %[63] (el porcentaje de la intensidad de activos de explotación netos de la sociedad B calculado con base en una media ponderada de los años X-3 a X-1). El cuadro siguiente refleja el rendimiento ajustado de las ventas de la sociedad B tras la aplicación del mecanismo de ajuste en ausencia de datos.

		Año X
(a)	ROS% de acuerdo con secciones 5.1 y 5.2	3,50 %
(b)	Ajuste del riesgo neto %	4,90 %
(c)	OAS%	31,39 %
(d)= (a) + ((b) x (c))	**ROS% ajustado de acuerdo con sección 5.3**	**5,04 %**

Ejemplo 6: Se supera el límite de seguridad (en número de días) a las cuentas por pagar de activos netos de explotación

21. Los hechos son los mismos del ejemplo 4 con excepción de que las cifras relativas a las pérdidas y ganancias y las partidas del balance calculadas según valores medios de la sociedad B desde el año X-3 hasta el año X-1 han cambiado como se refleja a continuación y se ha superado el límite de seguridad de 90 días de las cuentas por pagar de acuerdo con las notas a pie de página 5 y 29 de estas directrices.

a) Pérdidas y ganancias de la sociedad B desde el año X-3 hasta el año X

		Año *X-3*	Año *X-2*	Año *X-1*	Año X
(a)	Ventas	199	185	195	200
(b)	Costes de los bienes vendidos (COGS)	(181)	(168)	(177)	(182)
(c)= (a) + (b)	Beneficio bruto	18	17	18	18
(d)	Gastos de explotación	(11)	(11)	(11)	(10)
(e)= (c) +(d)	Resultado neto de explotación (EBIT)	7	6	7	8
(f) = (e) / (a)	***Rendimiento sobre las ventas (%)***	***3,52 %***	***3,24 %***	***3,59 %***	***4,00 %***

b) Partidas del balance de la sociedad B calculadas en valores medios para el año X-3 hasta el año X-1

	Año *X-3*	Año *X-2*	Año *X-1*	Año X
Activos:				
Activos fijos	48	42	45	
Deudores	31	39	39	
Existencias	36	28	20	
Pasivo:				
Acreedores	65	65	55	

[63] No se supera el límite de seguridad de los activos de explotación netos del 85 % al que se refiere la sección 5.3.

22. Para calcular el rendimiento de la sociedad B en el año X de acuerdo con el enfoque simplificado y racionalizado, han de seguirse los siguientes pasos:

Paso 1: la sociedad B se encuentra en el grupo 2 de las agrupaciones sectoriales referidas en la sección dedicada a las definiciones de estas directrices.

Paso 2: la clasificación de intensidad de factor de la sociedad B es [B], como se refleja en el cuadro e) Dado que se aplica el límite de seguridad de 90 días de las cuentas por pagar de acuerdo con las notas a pie de página 5 y 29 de estas directrices y se ajustan los acreedores, deberá calcularse el capital circulante y la intensidad de activos de explotación netos (OAS) teniendo en cuenta el ajuste de los acreedores.

c) Cálculo del límite de seguridad de las cuentas por pagar

		Año *X-3*	**Año *X-2***	**Año *X-1***	**Año X**
(a)	Acreedores	65	65	55	
(b)	Coste de los bienes vendidos	181	168	177	
(c)= (a) / (b)	**Ratio acreedores sobre COGS**	**0,36**	**0,39**	**0,31**	
(d)= (c) x 365	**Días cuentas por pagar**	**131,08**	**141,22**	**113,42**	
(e)	**Cumple el umbral de 90 días**	**No**	**No**	**No**	
(f)= [(b) / 365] x 90	**Acreedores ajustados**	**44,63**	**41,42**	**43,64**	
(g)= (f) / (b)	**Ratio acreedores sobre COGS ajustada**	**0,25**	**0,25**	**0,25**	
(h)= (g) x 365	**Días cuentas por pagar ajustadas**	**90 días**	**90 días**	**90 días**	

d) Partidas del balance ajustadas de la sociedad B calculadas en valores medios por efecto del límite de seguridad de las cuentas por pagar

	Año *X-3*	Año *X-2*	Año *X-1*	Año X
Activos:				
Activos fijos	48	42	45	
Deudores	31	39	39	
Existencias	36	28	20	
Pasivo:				
Acreedores	44,63	41,42	43,64	

e) Capital circulante y activos de explotación netos, OAS% y OES%

	Año *X-3*	Año *X-2*	Año *X-1*	Media ponderada de 3 años
Capital circulante con acreedores ajustados	**22,37**	**25,58**	**15,36**	-
Activos de explotación netos con acreedores ajustados	**70,37**	**67,58**	**60,36**	-
OAS% sin ajustar	-	-	-	**24,70 %**
OAS% ajustado	-	-	-	**34,25 %**
OES%	-	-	-	**5,70 %**

Paso 3: de acuerdo con la matriz de precios de la sección 5.1 el rendimiento de la sociedad B en el año X debería ser 3,75 % (+/- 0,5 %).

Paso 4: el mecanismo de verificación de los gastos de explotación que se describe en la sección 5.2 se aplica porque el resultado del rendimiento equivalente sobre los gastos de explotación (75,00 %) supera el rango definido para los gastos de explotación (10-60 %). Dado que el rendimiento equivalente sobre los gastos de explotación supera el rango, el rendimiento de las ventas de la sociedad B se ajustará a la baja hasta que el rendimiento equivalente sobre los gastos de explotación sea igual al límite máximo establecido para ellos. El rendimiento sobre las ventas tras efectuar el ajuste es del 3,0%.

Paso 5: el mecanismo de ajuste en ausencia de datos descrito en la sección 5.3 no se aplica porque el país B no es una jurisdicción que pueda acogerse al régimen.

En el cuadro siguiente, se ejemplifica el cálculo del margen de explotación de la parte objeto de análisis de acuerdo con el enfoque simplificado y racionalizado.

Año X				
		Pérdidas y ganancias *(antes del cálculo de la sección 5)*	**Pérdidas y ganancias *(después del cálculo de la sección 5.1)***	**Pérdidas y ganancias *(después del cálculo de la sección 5.2)***
(a)	Ventas	200	200	200
(b)	Coste de los bienes vendidos	(182)	(182,5)	(184)
(c)= (a) + (b)	Beneficio bruto	18	17,5	16
(d)	Gastos de explotación	(10)	(10)	(10)
(e)= (c) + (d)	Resultado neto de explotación (EBIT)	8	7,5	6
(f)= (e) / (a)	**Rendimiento de las ventas (%)**	4,0 %		
(8)= (e) / (d)	**Rendimiento sobre los gastos de explotación**	80,00 %		
(h)	**ROS% de acuerdo con sección 5.1**		3,75 %	
(i)= (a) x (h)	**EBIT de acuerdo con sección 5.1**		7,5	
(j)= (i) / (d)	**Rendimiento equivalente sobre los gastos de explotación**		75,00 %	

(k)= (d) x 60%	**EBIT ajustado de acuerdo con sección 5.2**			6
(l)= (k) / (a)	**Rendimiento sobre las ventas ajustado (%) de acuerdo con la sección 5.2**			3,00 %

Ejemplo 7: Agrupaciones sectoriales múltiples donde se supera el umbral de minimis del 20 % de las ventas

23. Los hechos son los mismos del ejemplo 1 con excepción de que el grupo de empresas multinacionales produce y vende consumibles domésticos y componentes y consumibles eléctricos y, en el año X, la sociedad B obtiene el 60 % de ventas de la comercialización de consumibles domésticos y el 40% de ventas de la comercialización de componentes y consumibles eléctricos.

24. Dado que la sociedad B vende bienes que se encuadran en más de un grupo sectorial (los consumibles domésticos en el grupo sectorial 1 y los componentes y consumibles eléctricos en el grupo sectorial 2) y se supera el umbral *de minimis* del 20 % de ventas para ambas agrupaciones sectoriales, hay que calcular el rendimiento medio ponderado como se refleja en el cuadro siguiente.

Extracto de las pérdidas y ganancias de la sociedad B en el año X

Pérdidas y ganancias segmentadas para el año X			
	Total	Categoría del grupo sectorial 1 [C]	Categoría del grupo sectorial 2 [C]
Ventas	2	120	80
Participación en las ventas totales		60%	40%
ROS% de acuerdo con sección 5.1	(60 % x 2,50 %) + (40 % x 3,00 %) = 2,70 % (+/- 0,5 %)		

Ejemplo 8: Agrupaciones sectoriales múltiples donde no se alcanza el umbral de minimis del 20 %

25. Los hechos son los mismos del ejemplo 7 con excepción de que el en año X, la sociedad B obtiene un 93 % de ventas de la comercialización de consumibles domésticos y el 7 % de ventas de la comercialización de componentes y consumibles eléctricos.

26. Aunque la sociedad B vende bienes que se encuadran en más de un grupo sectorial (los consumibles domésticos en el grupo sectorial 1 y los componentes y consumibles eléctricos en el grupo sectorial 2), no es necesario calcular el rendimiento medio ponderado porque no se alcanza el umbral *de minimis* del 20 % de las ventas para la agrupación sectorial 2.

Extracto de las pérdidas y ganancias de la sociedad B en el año X

Pérdidas y ganancias segmentadas para el año X			
	Total	Categoría del grupo sectorial 1 [C]	Categoría del grupo sectorial 2 [C]
Ventas	200	186	17
Participación en las ventas totales		93%	7%
ROS% de acuerdo con sección 5.1	100 % x 2,50 % = 2,50 % (+/- 0,5 %)		

www.ingramcontent.com/pod-product-compliance
Lightning Source LLC
LaVergne TN
LVHW082052051026
849532LV00011B/3568